지금 알면 돈 버는
최소한의 비트코인

지금 알면 돈 버는

최소한의 비트코인

김지훈(제이플레이코) 지음

P page2

최소한의 비트코인만 알면, 돈 벌 기회는 너무 많다

큰 기대를 가지고 코인 시장에 뛰어들었지만, 손실을 겪었던 적이 있나요? 투자했던 암호화폐 자산의 수익률이 마이너스를 기록하는 바람에 결국 눈물을 머금고 투자를 포기했던 경험 말이죠.

만약 그렇다면, 이 책이 바로 당신에게 필요한 책입니다. 많은 투자자가 일확천금의 꿈을 품고 암호화폐 투자에 도전하지만, 그 끝은 종종 좌절로 마무리되곤 합니다. 하지만 비트코인과 암호화폐 생태계에 대한 기본적인 이해만 있었다면 그러한 실패는 막을 수 있었을 겁니다.

우리는 왜 비트코인을 알아야 할까요? 새로운 금융 혁명의 시작이라고도 불리는 비트코인은 금융 시스템을 근본부터 바꿀 수 있는 기술이자 자산입니다. 하지만 실제로 많은 사람들은 이 혁명의 중심에 있는 비트코인을 이해하지 못한 채, 단기적인 수익에만 눈이 멀어 이해 없이 시장의 상승에 기대어 알트코인이나 신규 토큰에 무분별하게 투자하다가 큰 손실을 봅니다. 암호화폐 시장에서 성공하기 위해서는 비트코인의 본질과 그 기초를 이해하는 것이 필수적입니다. 이 책은 매우 중요한 비트코인의 사이클을 이해하고, 이를 바탕으로 다른 암호화폐에 투자할 때 어떻게 자산을 늘릴 수 있는지 구체적으로 설명합니다.

암호화폐 시장은 빠르게 변하고 있습니다. 특히 2024년도에는 비트코인과 이더리움 현물 ETF가 승인되면서, 코인은 더 이상 소수의 투기적 자산이 아니라 기관과 개인 투자자들 모두가 주목하는 정식 투자 자산으로 자리 잡고 있습니다. 그렇기 때문에 지금이 바로 암호화폐를 이해하고, 기회를 잡아야 할 타이밍입니다.

이 책은 단순한 비트코인 설명서가 아닙니다. 암호화폐는 비트코인 외에도 수없이 많이 존재하고, 각 코인이나 토큰마다 독특한 기술적 배경과 특이점을 바탕으로 시장에서 가치를 형성하고 있습니다. 이 책에서는 비트코인뿐 아니라 다양한 코인과 토큰들의 특징을 다루고, 이들을 활용해 전략적으로 수익을 극대화하는 방법들을 제시합니다.

또한 암호화폐 투자는 단순하게 거래소 앱에서 매매하는 것 외에도 여러 가지 방법이 있습니다. 디파이, 스테이킹, 이자 농사, 에어드랍 등 생태계를 제대로 이해하고 전략적으로 접근해 꾸준하게 수익을 낼 수 있는 방법들도 실려 있습니다.

이 책은 초보 투자자들도 기초를 단단하게 다지고 쉽게 따라 할 수 있도록 투자 전략에 대한 단계적 설명을 비롯해 리스크 관리 방법까지 제시합니다. 초보 투자자들은 수많은 용어와 기술적 개념, 그리고 다양한 투자 전략 사이에서 길을 잃기 쉽습니다. 이 책이 그러한 혼란을 해소하고, 투자자들이 올바른 길을 찾도록 도와줄 것입니다. 각 챕터에서는 단계별로 암호화폐 투자에 필요한 지식과 배경을 다루며, 실제 사례를 통해 이해를 돕고자 합니다.

성공적인 암호화폐 투자는 준비된 자의 것입니다. "이건 떡상 각이다, 가즈아!"를 외치며 운이나 감에만 의존해서는 안 됩니다. 비트코인의 사이클과 암호화폐 시장의 흐름을 이해하는 투자자만이 이 시장에서 살아남고, 더 나아가 수익을 낼 수 있습니다. 이 책은 그런 준비를 돕기 위해 비트코인과 암호화폐 생태계에 대한 필수 지식과 전략을 제공합니다.

최소한의 지식만 알면, 지금 돈 벌 기회는 너무도 많습니다. 지금 첫걸음을 내딛는다면, 빠르게 성장하고 있는 암호화폐 시장의 기회를 잡을 수 있습니다. 부디 이 책이 여러분의 투자 여정에 유익한 동반자가 되기를 진심으로 기원합니다.

제이플레이코 김지훈

차례

CHAPTER 1. 비트코인의 쓸모

CHAPTER 2. 헷갈리는 코인 용어 완전 정복

CHAPTER 3. 코인 생태계와 섹터별 전망

CHAPTER 4. 코인 실전 투자 전략

CHAPTER 1.

비트코인의 쓸모

코인,
어떻게 생겨났나?

우리의 삶은 돈과 떼려야 뗄 수 없습니다. 우리는 매일 현금과 신용카드를 이용해 무언가를 구매합니다. 게다가 투자는 얼마나 편해졌나요? 애플리케이션(이하 '앱')을 통해 주식을 쉽게 사고팔고, ETF*를 통해 금도 어렵지 않게 살 수 있는 시대가 되었습니다.

이러한 환경에서 암호화폐라는 것은 왜, 어떻게 생겨난 것일까요? 암호화폐에도 '화폐'라는 이름이 붙어 있는데, 현재 우리가 사용하는 화폐와는 어떻게 다를까요?

대부분의 사람이 주로 '코인'이라고 불리는 암호화폐에 대해 처음 접한 건 뉴스였을 것입니다. 아마도 비트코인*의 가격이 많이 올랐다며 투기 열풍에

> • ETFExchange Traded Fund
> 주식처럼 거래소에서 거래되는 상장 투자 펀드. 다양한 자산을 기반으로 운용된다.
>
> - - - - - - - - - - - - - - -
>
> • 비트코인Bitcoin
> 2009년 사토시 나카모토가 만든 최초의 암호화폐. 중앙은행이나 관리자 없이 네트워크 참여자들이 직접 관리한다.

대해 경고하는 목소리였겠죠. 뉴스에서는 2017년부터 주기적으로 '비트코인의 가격이 얼마가 되었다', '시장이 과열되었다'와 같은 이야기를 쏟아내고 있습니다.

또한 주변에서 들리는 이야기도 있습니다. '옆 부서 김 대리가 코인으로 얼마를 벌었다더라', '옆집 아저씨가 코인으로 얼마를 잃었다더라'와 같은 이야기가 들립니다. 이렇게 가격 변동에 대한 소식이 가장 먼저 들려온 탓에 '암호화폐는 위험한 것', '암호화폐는 이해하기 어려운 것'이라 생각하고 지나친 경우가 많았을 것입니다.

아직까지는 주위에서 누군가가 코인으로 큰돈을 벌었다고 하면 관심이 가지만 왠지 섣불리 접근하면 안 될 것 같다는 인식이 많습니다. 하지만 코인 중에서 우리가 대표적으로 알고 있는 '비트코인'의 역사는 우리가 매일 사용하는 돈의 역사와 매우 밀접한 관계가 있습니다. 잠시 과거의 이야기를 해보겠습니다.

돈의 역사

돈의 역사는 수많은 책에 언급되어 있지만, 저는 암호화폐를 공부하기 시작하면서 돈의 실질적인 모습을 알게 되었습니다. 사실 우리가 사용하는 '돈'이라는 것은 1970년대까지 기축통화*를 바탕으로 금과 연동되어 있

• 기축통화Key Currency
전 세계적으로 광범위하게 보유하고 사용되는 통화. 미국 달러는 가장 널리 사용되는 기축통화 중 하나다.

었습니다. 금과 돈이 분리되어 있는 것이 자연스럽게 느껴지는 지금은 이상하게 들릴 수도 있습니다. 이미 50년도 넘게 지난 일이기 때문이죠. 하지만 예전에는 현금(달러)을 중앙은행에 가져가면 금으로 교환해 주었습니다. 금과 교환할 수 있어야 하므로, 달러 역시 보유하고 있는 금만큼만 발행되었습니다. 무제한으로 찍어낼 수 없었던 것이죠.

금과 교환이 가능했던 달러는 국가 간 거래의 기본이 되는 통화인 기축통화의 지위를 부여받았습니다. 이에 따라 다른 국가의 화폐 역시 기축통화인 달러를 기준으로 발행되면서 관리가 되었습니다. 이것을 금본위제*라고 부릅니다. 화폐가 금에 연동되어 관리되던 시절이죠.

> • 금본위제Gold Standard
> 화폐의 가치가 금의 가치에 연동되어 화폐를 일정량의 금과 교환할 수 있는 시스템

하지만 국가 단위에서 이렇게 금에 연동된 화폐를 발행하면 한 가지 문제가 생깁니다. 전쟁 등의 큰 이슈가 생기면 국가에 많은 돈이 필요해지는데, 그만큼의 금이 없으면 화폐를 발행할 수 없으니 마음대로 돈을 만들 수 없게 되는 것이죠.

이 때문에 미국은 결국 1971년에 금본위제를 폐지했습니다. 그리고 그동안 기축통화로 쓰이던 미국의 달러는 미국 중앙은행의 의지에 따라 자율적으로 찍어낼 수 있게 되었습니다. 금본위제에서 명목통화*로 전 세계의 통화가 전환된 것이죠. 명목통화란 정부의 법적 지지를 받아 통용되는 화폐로, 우리가 일반적으로 '통화'라고 했을 때 떠올리는 화

> • 명목통화Fiat Currency
> 정부의 법적 지지를 받아 통용되는 화폐. 물리적 가치에 의해 뒷받침되지 않는다. 미국 달러, 유로가 대표적인 예다.

폐를 말합니다. 예를 들어, 미국 달러, 유로 등이 이에 해당합니다. 물리적 가치(금 등)가 직접 뒷받침되지 않기에 명목통화라고 부릅니다.

이러한 명목통화를 바탕으로 그동안 달러를 비롯해 전 세계 통화가 무한하게 발행되었습니다. 그 덕분에 경제위기가 발생할 때면 더욱더 많은 돈을 찍어내 위기를 극복하기도 했죠. 문제는 2008년 미국의 투자은행인 리먼 브라더스 파산을 시작으로 확대된 글로벌 금융위기부터 본격적으로 발생했습니다. 당시 미국은 많은 달러를 찍어내 잘못된 운영을 한 은행들을 살려냈습니다.

비트코인의 시작

이때 사토시 나카모토*라는 이름을 가진 익명의 개발자는 '달러처럼 무한대로, 그리고 마음대로 찍어낼 수 있는 돈은 언젠가 한계가 올 것이다'라고 생각했습니다. 그는 오랜 고민 끝에 블록체인* 기술을 이용해 한정적으로 발행되는 비트코인을 만들었습니다.

이것이 바로 비트코인이라는 금융 거래 생태계의 시작입니다. 달러의 무한 통화량에 대응하기 위해 개인과 개인 간 거래가 가능한 탈중앙화* 시스템으로

* 사토시 나카모토
Satoshi Nakamoto
비트코인의 창시자. 비트코인 백서와 초기 코드를 작성한 인물, 또는 그룹이다. 실제 정체는 공개되지 않았다.

----

* 블록체인Blockchain
거래 데이터를 시간 순서대로 체인처럼 연결하여 저장하는 분산 데이터베이스 기술. 투명성과 변조 방지라는 장점이 있다.

운영될 수 있는 금융이 시작된 것이죠.

그 당시 비트코인에 관심을 가진 것은 개발자들 정도였습니다. 그 후에는 암시장에서 익명 거래를 위한 수단으로 활용되었습니다. 아직까지도 비트코인에 대해 이야기할 때 불법적인 느낌이 드는 뉴스들을 접하게 되는 이유는 코인이 과거 암거래와 같은 자금 세탁 등에도 활용되었기 때문입니다.

• 탈중앙화Decentralization
권력이나 관리 기능이 중앙 집중되지 않고 분산되어 있는 것. 어떤 단일 기관도 암호화폐 거래나 발행을 독점적으로 통제할 수 없는 상태를 말한다.

• 현금화Liquidation
자산을 현금으로 바꾸는 과정. 하락장에서 자산을 현금화하고 상승장을 기다리는 전략을 사용할 수 있다.

이러한 정보를 접할 때 알아두어야 하는 것은 여전히 암시장과 자금 세탁에 주로 이용되는 건 비트코인 같은 암호화폐가 아니라 일반적인 현금(명목통화)이라는 사실입니다. 비트코인은 익명 거래가 가능하지만 현금화*를 하려면 더 이상 익명으로는 불가능해 거래를 숨기는 것이 어렵기 때문입니다.

이후에 비트코인은 개인 간 거래에도 이용되기 시작했습니다. 2010년에 1만 비트코인으로 피자 두 판을 거래한 건이 아직도 회자되고 있죠. 2024년 3월 가격인 1비트코인당 1억 원을 기준으로 했을 때 피자 두 판은 1조 원에 해당합니다.

비트코인은 시간이 지날수록 사용자들에게 거래 가치를 인정받기 시작했습니다. 그러면서 점차 사용 용도가 거래에서 자산 보관으로 바뀌며 가치가 상승했습니다.

이더리움이 만든 신세계

비트코인에 관심이 많고 열광적으로 지지하던 사람들은 비트코인이 한계를 뛰어넘길 바라는 마음으로 다양한 아이디어 구현을 시도했습니다. 그중에 컬러드 코인(Colored Coins)이라는 비트코인 기반의 실험이 있었습니다. 이는 같은 비트코인에 다른 성격을 부여해 특징이 다른 비트코인을 만드는 것이었죠. 사실 이는 비트코인을 기반으로 새로운 코인을 만들고자 한 시도였습니다. 2012년 당시 이 연구 논문을 집필했던 사람들 중에 비탈릭 부테린(Vitalik Buterin)이라는 젊은 개발자도 있었습니다. 그러나 이 프로젝트는 컬러드 코인의 방향성에 대한 일치된 의견을 도출하지 못해 결국 역사 속으로 사라졌습니다.

하지만 부테린은 좌초된 컬러드 코인에서 멈추지 않았습니다. 그는 새로운 코인을 만들 수 있는 생태계를 설계하기로 결심했고, 결국 이더리움*을 만들어냈습니다. 그가 만든 이더리움은 현재 두 번째로 시가총액*이 큰 블록체인이 되었습니다.

비트코인과 다른 이더리움의 가장 큰 특징은 블록체인에 직접적으로 프로그래밍을 하고 실행할 수 있는 일명 스마트 컨트랙트* 기능이 포함되어 있다는 것입니다. 이 기능 덕분에 이더리움 블록체인에서 새로운 토큰*을 만드는 일이, NFT*

> • 이더리움Ethereum
> 비탈릭 부테린이 개발한 블록체인 플랫폼. 스마트 컨트랙트를 지원하여 다양한 탈중앙화 앱(DApp)과 알트코인을 개발할 수 있다.
>
> • 시가총액
> Market Capitalization
> 특정 암호화폐의 전체 시장 가치. 가격과 공급량을 곱한 값으로, 암호화폐의 상대적인 크기를 나타내는 지표로 사용된다.

같은 것을 구현하는 일이 가능해졌습니다.

이전의 비트코인과 같은 블록체인은 자금 전송에만 집중해 운영되었다면, 이더리움의 스마트 컨트랙트는 블록체인상에서 직접 프로그램을 돌릴 수 있는 기능을 가지고 있습니다. 일종의 '똑똑한 계약'을 넣을 수 있는 기능이죠.

비트코인 블록체인은 비트코인을 한곳에서 다른 곳으로 전송하는 것만 가능하지만, 스마트 컨트랙트가 있다면 블록체인상에서 조건을 걸어 전송을 조절할 수 있습니다. 예를 들어, 이더리움을 보낼 때 한국축구팀이 일본 축구팀을 2 대 0 이상으로 이겼을 때만 보내는 것을 블록체인상에 프로그래밍해 구현할 수 있습니다. 즉, 계약 조건이 성립되면 자동적으로 무언가가 실행된다는 것입니다.

이러한 스마트 컨트랙트가 있다면 그동안 은행이 하던 업무를 대체할 수 있습니다. 예를 들어, 자산을 거래하기 위해서는 중간에서 누군가가 관리 역할을 해주어야 하는데, 스마트 컨트랙트가 있다면 이러한 은행의 기능을 대체해 중간에 누군가가 있을 필요가 없습니다. 블록체인상의 프로그램만으로도 거래가 가능해지는 것이죠. 중개자 없이 작동하기 때문에 서로가 신뢰하지 못하더라도 중간에 있는 스마트 컨트랙트를 신용해 거래가 가능한 환경이 만들어지게 된 것입니

- 스마트 컨트랙트
  Smart Contract

조건이 충족되면 자동으로 실행되는 계약 프로토콜. 금융 거래 등 다양한 계약에 활용할 수 있다.

- 토큰Token

기존 블록체인 플랫폼에서 발행되어 특정 기능이나 가치를 지닌 디지털 자산이다.

- NFT
  Non-Fungible Token

대체 불가능한 토큰. 각 토큰은 고유하며, 예술 작품이나 수집품 등의 디지털 소유권을 표현하는 데 사용된다.

다. 또한 스마트 컨트랙트를 이용할 경우 블록체인을 따로 만들지 않더라도 자신만의 토큰을 만들어 상장할 수 있게 되었습니다.

이더리움이 만들어지기 전에는 코인을 만들기 위해 비트코인과 같은 블록체인을 초기부터 개발해야 했습니다. 하지만 이더리움의 스마트 컨트랙트가 개발되고 나서는 비교적 쉽게 자신만의 코인을 만들어 운영하는 것이 가능해졌습니다. 2015년에 이더리움이 소개된 뒤 2017년에 수많은 코인이 시장에 나오게 된 기술적인 배경도 이더리움이 스마트 컨트랙트를 제공해 준 덕분입니다.

하지만 빛이 있으면 그늘도 있을 수밖에 없죠. 수많은 암호화폐 프로젝트가 자신만의 코인을 만들어 판매하기 시작했습니다. 주식시장의 '상장(기업공개)'인 IPO(Initial Public Offering)와 비슷하게 신규 코인을 판매하는 ICO*가 유행하기 시작했죠. 이때 지금까지도 널리 사용되고 있는 다양한 코인이 소개되며 정착했지만, 반대로 조용히 사라진 코인도 상당히 많습니다. 사라진 코인에 투자한 투자자들은 엄청난 손실을 보았죠.

* ICOInitial Coin Offering
신규 암호화폐를 판매하여 자금을 조달하는 방법. 주식시장의 IPO와 유사하다.

그 당시 암호화폐 거래소들은 비트코인과 이더리움 거래뿐 아니라 이더리움 기반의 새로운 토큰들을 상장하면서 폭발적으로 성장했습니다. 처음으로 비트코인의 가격이 2000만 원을 훌쩍 넘어서면서 당시 최고점을 기록하기도 했죠. 언론들은 연일 비트코인의 고공행진 소식을 전하며 과열된 시장의 위험성을 경고했습니다. 이는 암호화폐 투자의 위험성에 대한 인식이 확산되는 결과를 불러왔습니다. 심지어 당시 법무부 장관이었던 박상기 교수는 이렇게 발언하기도 했습니다.

"암호화폐는 도박과 같은 양상을 보이며 개인 피해가 클 것으로 예상되어 거래소 폐쇄를 목표로 한다."

위험성에 대한 우려가 커지면서 전 세계 암호화폐 시장은 하락기를 맞았고, 비트코인의 가격은 400만 원대까지 떨어졌습니다. 전체 암호화폐 시장에 정체기가 도래하게 된 것이죠.

비트코인의 가격이 떨어지기 시작하면서 미디어에서 언급되는 일도 줄어들고, 많은 암호화폐 투자자가 시장을 떠났습니다. 2018년에서 2019년으로 넘어가는 시기였죠. 하지만 스마트 컨트랙트를 탑재한 이더리움에서는 많은 개발자가 이 기술을 바탕으로 새로운 트렌드를 만들어 갔습니다. 그중 하나가 블록체인상에서 직접 거래할 수 있는 탈중앙화 거래소*였습니다.

> • 탈중앙화 거래소
> Decentralized Exchange,
> DEX
> 스마트 컨트랙트를 통해 자동으로 거래가 이루어지는 거래소

은행의 경우 국가의 허가를 받은 뒤 중앙은행에서 자금을 조달해 대출이라는 툴로 일반인들에게 자금이 흘러갑니다. 반대로 말하면 우리는 은행이라는 기관이 없으면 돈을 거래할 수 없는 시스템을 이용하고 있는 것이죠. 개인과 개인 간 거래는 신뢰가 바탕이 되어야 하는데, 신뢰가 없는 개인 간 거래는 사기나 사고로 이어질 수 있기 때문입니다.

그런데 이더리움의 스마트 컨트랙트는 이러한 은행의 역할을 대신하면서 중개인 없이 개인 대 개인이 거래할 수 있도록 만들어주었습

니다. 이를 통해 블록체인상의 거래소들은 지속적으로 성장하며 수십조 원의 자산을 관리할 정도로 규모가 커졌습니다.

거래소가 만들어지고, 블록체인상에서는 전통 금융 시스템에서 사용되던 툴들이 하나둘씩 만들어지기 시작했습니다. 그중 가장 대표적인 건 중개자 없이 탈중앙화로 담보 대출이 가능해진 것입니다. 탈중앙화 금융이란, 전통적인 금융 중개자 없이 블록체인 기술을 이용해 금융 서비스를 제공하는 시스템입니다. 이를 통해 사용자들은 더욱 투명하고 접근성 높은 금융 서비스를 이용할 수 있게 되었습니다. 스마트 컨트랙트에 특정 코인을 예치한 뒤 담보로 설정하면 당장 필요한 코인을 대출받아 활용할 수 있는 생태계가 만들어지면서 그에 따른 금융 생태계 규모도 빠르게 성장하기 시작했습니다.

블록체인 기술은 기존의 전통 금융을 블록체인상으로 가져왔을 뿐만 아니라 그동안 불가능했던 디지털 원본이라는 기술 역시 'NFT'라는 이름으로 도입했습니다. NFT라고 하면 많은 사람이 수십억 원 하는 JPEG 그림을 떠올리는데, NFT라고 하는 토큰은 똑같은 토큰이 존재하지 않는다는 특징을 가지고 있습니다. 쉽게 '블록체인에 기록된 계약서'라고 생각하면 됩니다.

이렇게 2020년부터 '탈중앙화 금융'을 뜻하는 디파이* 생태계와 NFT 같은 생태계가 하나둘 만들어지기 시작했습니다.

> • 디파이
> Decentralized Finance, DeFi
> 은행 같은 중개자 없이 블록체인 기술을 통해 대출, 예금, 거래 등의 금융 서비스를 제공하는 시스템

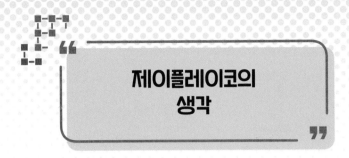
제이플레이코의
생각

비트코인은 우리가 오늘날 사용하는 돈의 한계성과 중앙은행에 대한 불신으로 탄생했습니다. 하지만 오늘날 암호화폐에는 비트코인뿐 아니라 다양한 알트코인*의 생태계도 같이 존재합니다. 그리고 비트코인이 만들어진 배경과 수많은 알트코인이 만들어진 배경은 또 다릅니다.

> • 알트코인Altcoin
> 비트코인을 제외한 모든 암호화폐를 통칭하는 용어. 'Alternative Coin'의 줄임말로, 비트코인의 대안으로 제시되는 다양한 암호화폐를 의미한다.

인터넷 버블이 발생해 'www'만 붙이면 쉽게 투자금을 모집할 수 있었던 시기에는 수많은 프로젝트가 등장하기도 했고, 버블이 터지면서 한순간에 사라지기도 했습니다. 당시 운영되었다가 사라진 프로젝트들은 사장되었지만, 인터넷 기술을 통해 우리 주변의 수많은 것이 크게 변화했습니다. 걸어다니면서 넷플릭스를 보는 것, 중고 거래에 나가 스마트폰으로 쉽게 무통장 입금을 하는 것, 멀리 떨어져 있는 친구와 무료로 화상 통화를 하는 것

> • 크립토Crypto
> 'Cryptocurrency'의 줄임말로, 암호화폐를 뜻하는 다른 말

등을 생각해 보세요.

암호화폐, 즉 크립토*의 경우는 어떨까요?

아직은 깨닫지 못할 수도 있지만 탈중앙화된 금융 생태계가 가능해진다면 그 기술은 분명 우리에게 엄청난 변화를 가져다줄 것입니다. 특히 금융 혁신을 가져다줄 기술적 배경이 될 가능성이 크므로 지금부터 차근차근 알아둘 필요가 있습니다.

코인에는
가치가 없을까?

'암호화폐' 하면 가장 먼저 무엇이 떠오르나요? 비트코인을 생각하는 사람도 있을 것이고, 가격 변동성이 높아 투자보다는 투기에 가깝다고 생각하는 사람도 있을 것입니다. 일부는 불법적인 활동과 연관되어 있다며 부정적인 시선으로 바라보는 사람도 있을 테고요.

그리고 비트코인에 투자한다고 하면 "내재적 가치도 없고, 가격도 비싼 자산에 왜 투자하려고 하는 거야?"라고 이야기하는 사람도 있습니다. 주식과 달리 비트코인은 언제라도 가치가 0에 수렴할 수 있다고 하던데, 정말 내재적 가치가 없는 걸까요? 그렇다면 우리가 매일 사용하는 통화인 원화나 달러 같은 돈이나 거래소에서 거래하는 주식의 내재적 가치는 과연 무엇일까요?

비트코인의 내재적 가치에 대해 알아보기 위해 우선 내재적 가치란 무엇인지, 우리가 일반적으로 많이 접하고 있는 원화나 달러 같은 통화, 그리고 주식 같은 재화의 내재적 가치는 무엇인지 함께 들여다 보아야 합니다.

내재적 가치란?

내재적 가치*란, 쉽게 말해 어떤 것이 실제로 가지고 있는 근본적인 가치를 의미합니다. 이는 시장에서 그 물건이나 자산이 얼마에 팔리는 지를 나타내는 '가격'과는 별개의 의미를 가지고 있습니다. 내재적 가치는 그 자산이 미래에 얼마나 많은 돈을 벌어다 줄 수 있는지, 또는 그 자산이 사람들에게 얼마나 유용한 지와 같은 요소들로 결정됩니다.

• 내재적 가치Intrinsic Value
자산이 자체적으로 가지고 있는 실질적인 가치. 이는 외부 시장 조건에 의존하지 않으며, 자산이 생성할 수 있는 미래의 현금 흐름이나 기타 유용성을 만들 수 있는 신뢰에 기반을 둔다.

예를 들어, 주식, 채권, 상품, 통화, 부동산 등 다양한 것에 내재적 가치가 있을 수 있습니다. 이러한 내재적 가치를 결정하는 요소는 해당 자산의 종류에 따라 달라집니다. 몇 가지 예시를 통해 더욱 자세히 알아보도록 합시다.

미국 달러의 내재적 가치

미국 달러의 내재적 가치는 흔히 달러 자체에 내포된 고유한 가치로 이해됩니다. 이는 시장 가격 변동과는 별개로, 달러가 지닌 근본적인 가치를 의미합니다. 이 가치는 미국 정부와 그 경제의 안정성에 대한 신뢰, 달러가 교환 수단으로서 얼마나 효율적인지, 그리고 사람들이 달러를 가치 저장 수단*으로 얼마나 신뢰하는지에 기반합니다.

> **• 가치 저장 수단**
> Store of Value
> 자산이 시간이 지나도 가치를 유지할 수 있는 능력. 비트코인 등 일부 암호화폐는 이러한 특성을 갖추었다고 평가받고 있다.

달러의 가치는 미국 경제의 안정성뿐 아니라 전 세계적으로 어떻게 인식되는지에도 영향을 받습니다. 예를 들어, 다른 국가들이 미국 경제를 안정적이라고 생각한다면 그들은 달러를 신뢰하고 더 많이 보유하려 할 것입니다. 이는 달러가 국제적으로 중요한 기축통화로 남아 있게 하는 주요 요소 중 하나입니다.

그러나 앞서 설명했듯 미국 달러는 명목통화이며, 이는 그 가치가 물리적 자산이나 금과 같은 구체적인 자원에 직접적으로 뒷받침되지 않는다는 것을 의미합니다. 대신 그 가치는 미국 정부의 안정성과 경제 상태, 그리고 전 세계 시장과 사람들이 이에 대해 갖는 신뢰에 크게 의존합니다.

결론적으로, 미국 달러의 내재적 가치는 복합적이고 주관적인 요소들에 의해 결정되며, 이는 미국 정부와 경제에 대한 신뢰, 전 세계적인 인식, 기축통화로서의 역할에 기반합니다. 사람들과 기업들의 관점, 그리고 기대치가 달러의 내재적 가치에 큰 영향을 미치며, 이는 언제든 변할 수 있는 매우 동적인 요소입니다.

주식의 내재적 가치

주식의 내재적 가치는 주식을 발행한 회사의 기본적인 재정 상태와 미래 전망을 근거로 하는, 주식 자체에 내포된 근본적인 가치입니다. 이는 시장에서 거래되는 주식의 가격과 직접적인 연관이 없으며, 주식이 나타내는 회사의 실제 경제적 가치를 반영합니다. 간단히 말해, 주식의 내재적 가치는 회사가 앞으로 얼마나 많은 돈을 벌 것인지, 그리고 그 회사가 얼마나 성공할 것인지에 대한 평가입니다.

주식의 시장 가격은 종종 회사의 현재 가치보다는 미래 전망을 반영합니다. 투자자들은 회사가 미래에 얼마나 많은 현금을 벌고 이익을 낼 수 있느냐에 주목하여 주식을 평가합니다. 주식은 기본적으로 회사의 소유 지분을 나타내며, 회사가 성공하면 주식의 가치도 상승합니다.

주식의 내재적 가치를 산정하기 위해서는 회사의 재무 상태, 경영 품질, 업계 동향, 그리고 미래 성과에 영향을 미칠 수 있는 기타 요소들을 분석해야 합니다.

비트코인의 내재적 가치

비트코인에도 분명 내재적 가치가 있습니다. 비트코인의 가치는 그것이 제공하는 독특한 기능과 특성에서 비롯됩니다. 비트코인은 분산된 디지털화폐로, 전 세계 어디서나 사용할 수 있으며, 공급량이 유한하여 희소성이 있습니다.

또한 블록체인 기술을 통해 만들어졌기 때문에 주식이나 달러 같은 통화가 줄 수 없는 투명성과 매우 높은 보안성 역시 비트코인의 내재적 가치 중 하나라고 볼 수 있습니다.

결국 비트코인의 내재적 가치는 시장의 인식, 기술적 발전, 경제적 환경 변화에 따라, 그리고 사람들이 그것을 얼마나 가치 있다고 여기는지에 따라 결정됩니다.

내재적 가치는 해당 자산에 대한 본질적인 가치를 찾는 것이므로 이에 대한 인식과 이해가 바탕이 되어야 합니다. 얼마 전 오랜만에 대기업에 다니던 시절 알고 지낸 선배들과 친구들을 만났습니다. 세상 돌아가는 이야기, 자녀 교육 이야기, 정년에 대한 이야기, 노후 준비 이야기 등으로 이야기꽃을 피웠죠. 그러다 부동산, 주식 등에 대한 이야기가 나왔고, 자연스럽게 암호화폐에 대한 이야기도 하게 되었습니다.

2024년 4월 기준 우리나라에서 암호화폐에 투자한 사람이 600만 명이 넘었다고 하죠. 실제로 비트코인이나 암호화폐를 제대로 이해하고 투자한 사람보다는 지인이 투자를 시작했다고 해서, 무작정 돈을 벌 수 있을 것 같다는 기대감으로 투자한 사람이 더 많을 것이라 생각합니다. 이러한 배경하에 한 선배에게 질문을 받았습니다.

"비트코인, 그거 가치가 있어?"

선배의 눈에는 공격성이 아닌 호기심이 가득 차 있었습니다. 저는 매우 직관적으로 답변을 드렸습니다.

"제가 선배님께 1비트코인을 드렸습니다. 선배님이 그것을 거래소에 판다면 현금을 받을 수 있어요. 그러면 가치가 있는 거 아닌가요?"

선배는 정말로 궁금해서인지, 아니면 나를 테스트하고자 하는 것인지 알 수 없는 눈빛으로 두 번째 질문을 던졌습니다.

"돈으로 교환할 수 있다는 건 이해했어. 그런데 그 가치는 어디에서 오는 건데?"

저는 이렇게 되물었습니다.

"그러면 달러의 가치는 어디에서 오는 것일까요?"

질문을 질문으로 받으면 안 되지만, 우선 명목통화의 내재적 가치에 대한 이야기가 바탕이 될 수 있는지 확인한 뒤 대화를 이어나가야 했습니다.

"달러는 미국의 정치적 안정성, 경제 상태나 이자 등에 의해 그 가치가 형성된다고 봐. 그런데 비트코인은 그런 것이 없잖아?"

상당히 짧고 명확한 답변이었습니다.

"달러도 그렇지만 비트코인도 사람들의 신뢰가 있기 때문에 가치가 생기는 것입니다. 즉, 사람들의 신뢰가 없으면 달러도, 비트코인도 가치가 없다고 볼 수 있죠. 그렇기 때문에 비트코인의 가치는 사람들이 가지고 있는 비트코인에 대한 신뢰에서 나온다고 생각해요."

"그건 말이 되네."

선배를 100% 만족시킨 대답은 아니었을 것입니다. 시간이 많았다면 기술적인 이야기나 탈중앙화에 대한 이야기를 했겠지만, 그런 분위기가 아니었기에 보다 쉽게 이해할 수 있는 '사람의 신뢰'라는 키워드로 이야기를 했습니다. 저는 마지막으로 진심을 담아 이렇게 말했습니다.

"선배님, 다른 건 몰라도 아이들을 위해 매달 부담이 가지 않는 선에서 비트 코인을 적금처럼 모아주세요. 그게 나중에 아이들에게 가장 큰 선물이 될 거예요."

워런 버핏이 코인에
투자하지 말라던데요?

　'오마하의 현인'으로 불리는 워런 버핏(Warren Buffett)은 전 세계에서 가장 존경받는 투자자 중 한 명으로, 그의 투자 결정과 견해는 금융 세계에 엄청난 영향을 미칩니다. 사람들은 그가 암호화폐를 어떻게 생각하는지 매우 궁금해합니다. 투자의 대가인 그의 의견을 바탕으로 비트코인 같은 암호화폐에 투자해도 되는지 판단하기 위해서죠. 심지어 버핏의 회사인 버크서 해서웨이의 주주총회에서 비트코인에 대해 어떻게 생각하는지 물어보는 주주들도 있습니다. 그런데 아직까지는 버핏이 그 어떤 인터뷰나 공식적인 자리에서 비트코인에 대해 긍정적으로 말한 적이 한 번도 없습니다.

　트론* 블록체인을 만든 저스틴 선(Justin Sun)은 이러한 인식을 바꿔보고자 자선 경매에서 무려 450만 달러를 들여 버핏과 함께

> * 트론Tron
> 수수료가 저렴하고, 대부분의 중앙화 거래소에 상장되어 있어 자금 이동에 자주 사용된다.

점심 식사를 할 수 있는 권리를 낙찰받았습니다. 하지만 버핏의 암호화폐에 대한 인식은 업계의 인물과 만남을 가진 뒤에도 변하지 않았습니다.

버핏이 잘하는 것과 못하는 것

어떻게 보면 버핏이 비트코인을 긍정적으로 생각하지 않는 것은 당연한 일입니다. 그의 투자 인생에서 대부분을 차지하는 것은 주식이며, 가장 잘하는 것도, 가장 성공적으로 하는 것도 주식입니다. 그는 "10년 이상 가지고 있을 주식이 아니라면 10분도 가지고 있지 마라"라는 명언을 남겼을 만큼 언제나 장기적인 안목을 가지고 투자를 하면서 버크셔 해서웨이를 세계에서 가장 큰 투자 지주 회사 중 하나로 성장시켰습니다.

그런 버핏에게도 투자를 하지 않아 후회한 종목들이 있습니다. 아마존과 구글 같은 기술주들이 대표적인 예라 할 수 있죠. 버핏은 새로운 기술 기업은 회의적인 시선으로 바라보며 투자를 하지 않는 것으로 유명합니다. 그런 그가 애플에 투자를 한 이유는 기술 기업이 아니라 제품을 만드는 기업이라 평가했기 때문입니다. 하지만 이후 버핏은 한 주주총회 자리에서 아마존과 구글에 투자하지 않은 것을 후회한다고 말했습니다.

이를 통해 무엇을 알 수 있을까요? 버핏은 제품을 직접 만들어내는 기업이 아닌 기술을 기반으로 평가되는 기업이나 프로젝트는 회의적인 시선으로 바라보았다는 것, 그리고 이러한 회의적인 시선이 투자를 할 때 꼭 성공으로 이어진 것은 아니라는 사실입니다.

버핏이 아니라고 해도 코인 투자를 해야 하는 이유

버핏은 암호화폐와 코인 투자에 매력을 느끼지 못했습니다. 그에 대한 거부감을 공개적으로 드러낸 것은 잘 알려진 사실이죠. 하지만 우리가 주목해야 할 것은 그동안 버핏이 투자를 하면서 놓쳤던 부분도 분명 존재한다는 사실입니다. 앞서 이야기했듯 버핏은 애플을 제외하고 대부분의 테크 기업에는 투자를 하지 않았습니다.

이를 통해 우리는 버핏이 제일 잘 알고 이해하는 건 직접 제품을 만드는 기업들의 주식이라는 사실을 알 수 있습니다. 기술만으로 성장하는 기업과 추가적인 가치를 만들지 못하는 자산, 비트코인 같은 탈중앙화된 금융을 바탕으로 가치가 만들어지는 자산은 그의 포트폴리오*에서 제외되는 것이죠.

그러나 버핏의 포트폴리오를 그대로 카피해 운용할 것이 아니라면 굳이 투자 분야나 종목을 제한할 이유는 없습니다. 버핏이 직접

> • 포트폴리오
> Portfolio
> 다양한 자산에 분산 투자하여 위험을 관리하는 투자 전략

투자를 하지 않은 구글, 아마존, 엔비디아 같은 기업들은 기술의 트렌드와 세계를 변화시키면서 지난 몇 년간 눈부신 발전을 해왔으며, 비

트코인이나 이더리움 같은 암호화폐는 이제 미국에서 ETF를 통해 기관들도 쉽게 보유할 수 있게 되었습니다.

버핏은 분명 투자의 대가입니다. 하지만 그가 모든 투자를 100% 성공으로 이끈 것은 아니며, 보수적인 성향이 있습니다. 그의 의견만으로 주요한 투자 수단이 된 코인과 암호화폐를 등한시할 필요는 없는 이유입니다.

제이플레이코의
생각

저는 개인적으로 버핏의 투자 철학을 매우 좋아합니다. 특히 주식 투자를 할 때 "10년 이상 가지고 있을 주식이 아니라면 10분도 가지고 있지 마라"라는 그의 조언을 적극적으로 따르고 있죠. 그러나 코인 투자를 할 때는 그의 조언을 따르기가 어렵습니다. 비트코인이나 이더리움 정도에는 적용이 가능하지만, 알트코인 투자는 주식시장과 다른 속도로 움직이므로 장기적인 투자와 단기적인 투자에 대한 시간적 개념 자체가 달라지기 때문입니다.

버핏이 비트코인 같은 암호화폐를 부정적으로 이야기할 때면 업계 종사자이자 투자자로서 조금 아쉬운 마음이 들기도 하지만 그의 관점과 입장도 충분히 이해가 됩니다. 사람마다 입장이 다르므로 각자의 투자 철학을 바탕으로 성공적으로 투자를 해나가는 것이 중요합니다.

코인의
다섯 가지 강점

암호화폐의 종류는 매우 다양합니다. 따라서 어떤 암호화폐를 가지고 있느냐에 따라 강점도 조금씩 바뀔 수 있습니다. 하지만 대부분의 암호화폐가 가지고 있는 기본적인 특징들을 살펴보면 기존의 자산인 화폐, 주식, 금, 부동산 등과 조금씩 성향이 달라 두드러지는 강점들이 있습니다. 하나씩 차근차근 살펴봅시다.

투명하고 안전한 분산성

우선 코인은 중앙은행이나 국가 같은 곳이 관리하는 것이 아니라 분산형 네크워크*에서

> • 분산형 네트워크Decentralized Network
> 중앙 집중식 서버나 관리 기관 없이 네트워크 참여자들의 컴퓨터가 거래 정보 등 데이터를 공유하고 처리하는 구조

작동한다는 특징을 가지고 있습니다. 비트코인 같은 암호화폐는 거래 내역을 탈중앙화된 데이터베이스에 저장한다고 생각하면 조금 더 쉽게 이해가 될 것입니다. 즉, 전 세계 사람들이 똑같은 엑셀 시트에 거래 내역을 써 내려가고 있다고 상상해 볼 수 있죠. 기존 자산과의 차이점이 확연히 드러나는 특징입니다.

은행과 주식 거래소는 국가에서 허가를 해주었다는 차이가 있습니다. 하지만 기본적으로는 사기업이 운영하는 것으로, 외부인이 거래 내역 등이 있는 내부 데이터를 볼 수 있는 방법이 없습니다. 그리고 내가 예치한 돈이 어떤 방식으로 관리되고 있는지도 알 수 없죠.

"그들이 은행 데이터를 탈취하면 마음대로 송금을 할 수 있고 추적조차 되지 않을 것입니다! 원한다면 모든 데이터를 지우고 우리를 석기시대로 되돌려 보낼 수도 있습니다!"

- 영화 「다이하드 4.0」 중에서

'액션 영화의 전설'이라 불리는 「다이하드」 시리즈를 보면 해커들이 미국의 은행 보안망을 해킹해 침투하는 장면이 나옵니다. 은행들이 해킹을 당하자 비상 시나리오로 모든 은행의 백업 데이터가 안전한 보관을 위해 한곳에 전송되었고, 해커들은 백업 장소를 파악해 미국에서 발생한 모든 거래 내역을 파괴했죠. 물론 영화의 한 장면이긴 하지만 우리가 살고 있는 이 세상에서 거래 내역의 보관과 안전이 얼마나 중요한지 알 수 있습니다.

암호화폐는 퍼블릭 블록체인* 기술을 바탕으로 하면서 탈중앙화된 데이터뱅크를 운영한다는 특징을 가지고 있습니다. 즉, 수많은 컴퓨터가 공개적으로 데이터베이스를 운영하고 잘못된 데이터가 없는지 서로 교차 검증을 하기 때문에 특정 해커나 이익 집단이 거래 내역 데이터 등을 조작하는 것은 불가능에 가깝습니다.

예를 들어 전 세계에서 운영되고 있는 비트코인 노드*의 수는 5만 개가 넘습니다. 노드란, 블록체인을 운영하기 위해 비트코인 블록체인 프로그램을 운영하는 컴퓨터라고 생각하면 됩니다. 비트코인 블록체인을 해킹하기 위해서는 51% 이상의 노드를 운영하고 컨트롤해야 하는데, 이는 현실적으로 불가능에 가깝다고 여겨지고 있습니다. 51%의 노드를 운영하기 위해서는 그만큼 많은 양의 컴퓨터와 자금이 필요하기 때문입니다.

> • 퍼블릭 블록체인
> Public Blockchain
>
> 누구나 참여하고 검증할 수 있는 열린 블록체인 시스템. 비트코인과 이더리움 등이 이에 해당한다.
>
> --------------------
>
> • 노드 Node
> 블록체인 네트워크에서 거래 데이터를 저장하고 검증하는 컴퓨터, 또는 서버. 모든 노드는 네트워크의 다른 노드와 동일한 거래 기록을 동기화하고 유지한다.

빠른 송금 속도

사실 우리나라와 같이 금융 인프라가 잘 갖추어진 나라에서는 화폐의 송금 속도를 고민할 필요가 없습니다. 우리나라에서 일명 '김치

프리미엄'이라 불리는 매수 프리미엄이 붙어 세계 시세에 비해 높은 암호화폐 가격이 형성되는 이유도 금융 인프라가 뛰어나기 때문입니다.

한국 투자자의 경우, 비트코인을 사겠다고 마음먹으면 비대면으로 은행 계좌 앱을 열어 원화 상장 거래소에 가입한 뒤 원화를 입금해 바로 비트코인을 살 수 있습니다. 의지만 있다면 이 모든 것을 한 시간 이내에 진행할 수 있죠. 그런데 이러한 환경이 갖추어진 곳은 전 세계에서 한국밖에 없습니다.

중고 거래를 할 때를 생각해 볼까요? 물건을 확인한 뒤 앱을 열어 무통장 입금을 하면 몇 초 후에 상대방의 앱에 입금이 완료되었다는 알림이 울립니다. 이러한 무통장 입금을 통해 암호화폐 거래소에 원화를 입금한 뒤 이것을 다른 암호화폐로 바꾸지 않고 곧바로 원화로 암호화폐를 살 수 있는 환경을 갖춘 나라는 쉽게 찾아볼 수 없습니다. 유럽이나 미국 같은 나라에서는 무통장 입금을 하면 몇 초가 아닌 며칠 후에 입금 처리가 되는 것이 일반적입니다.

금융 인프라가 뛰어난 환경에 노출되어 있는 한국 사람들은 이러한 환경을 인식하지 못하고 있는 경우가 많습니다. 그래서 암호화폐 송금 속도에 대해 이야기하면 의아해하기도 하죠. 하지만 국제 송금을 한 번이라도 해본 적이 있는 사람은 송금 속도가 빠른 것이 얼마나 큰 장점인지 뼈저리게 느꼈을 것입니다. 우선 송금을 할 때 입력해야 하는 정보가 상당히 많고, 송금을 했어도 실제로 자금이 상대방의 통장에 도착하기까지 수일이 소요되기 때문입니다. 국내에 몇 초 내에 처리가 되는 금융 인프라가 갖추어져 있어도 이것이 한국 밖으로 나가면 국제 전송 속도에 따라 수일에 걸쳐 처리가 되는 것이죠.

암호화폐의 경우 길게는 몇 분, 빠른 블록체인의 경우는 몇 초 만에 자산이 이동할 수 있기 때문에 송금 속도는 뛰어난 장점이라 말할 수 있습니다.

누구나 쉽게 활용하는 접근성

대한민국 국민이라면 은행에 방문해 신분증을 제출하고 금융 거래의 기본이 되는 통장을 만드는 것이 그리 어렵지 않습니다. 그런데 여기서 한 단계 더 나아가 신용카드를 만들고자 한다면 조금 어려워집니다. 저는 해외에서 이주를 해 한국에서 금융 거래가 없는 상태였지만 통장까지는 비교적 쉽게 만들 수 있었습니다. 하지만 신용카드를 만들기 위해선 1년 이상 실적을 쌓아야 했던 기억이 있습니다. 이때 직장인이 아니라면, 금융 실적이 없다면 신용카드를 만드는 일이 더욱더 어렵다는 사실을 알게 되었습니다.

이처럼 금융 생태계에서 이상적인 규격에 맞지 않다면 우리가 당연하다고 생각하는 금융 생활이 어려울 수 있습니다. 억울하게 보이스피싱 피해자가 되어 자금이 내 통장에 입금되면 모든 금융 거래가 막히는데, 이와 같은 끔찍한 일을 당하게 되면 평상시에는 당연했던 것들이 모두에게 똑같이 적용되는 것은 아니라는 사실을 절실히 깨달게 됩니다.

자, 이번에는 우리나라가 아닌 해외로 눈을 돌려 볼까요? 글로벌 핀덱스*의 2021년 리포트에 따르면, 전 세계 성인 인구 중 14억 명이 아직도 은행 계좌를 보유하고 있지 않다고 합니다. 물론 기

술의 발달로 아프리카와 같은 대륙에서는 은행 통장이 없어도 모바일 폰을 이용해 활발하게 금융 거래를 할 수 있습니다. 하지만 금융권에서 선호하는 고객이 아닐 경우에는 은행 통장 개설과 같은 기본 금융 인프라 접근이 쉽지 않을 수 있습니다.

이와 다르게 비트코인 같은 탈중앙화된 금융 인프라는 누구나 쉽게 자금을 전송하고 자산을 보관하는 등의 기초적인 금융 생활을 가능하게 해주는 접근성이 매우 우수합니다.

직거래를 위한 프로그래밍 가능성

암호화폐가 특별한 이유 중 하나는 프로그래밍이 가능하다는 데 있습니다. 일반적으로 우리가 계약을 맺고 상대방과 거래를 하기 위해서는 반드시 제3자가 존재해야 합니다. 부동산을 거래할 때는 공인중개사가 있어야 하고, 주식을 살 때는 주식 거래소를 이용해야 하는 것과 같이 누군가가 중간에서 거래 내용을 확인해 주거나 공증해 주

는 행위가 필요합니다.

물론 중고 거래처럼 중개자 없이 직접 무언가를 교환하는 등의 거래도 존재하지만, 이러한 거래의 경우 보통 오프라인에서 사람과 사람이 직접 만나 물건과 화폐를 교환하게 됩니다.

그렇다면 암호화폐는 어떨까요? 제3자의 개입 없이 교환에 대한 규칙을 프로그래밍해 블록체인에 올릴 수 있습니다. 예를 들어, 암호화폐와 암호화폐 간 교환 가치를 정하고 거래를 하기 위해 꼭 중앙화 거래소*가 아니라 스마트 컨트랙트로 만든 거래소를 이용할 수 있습니다.

> • 중앙화 거래소
> Centralized Exchange
> 중앙 기관이 운영하는 암호화폐 거래소

암호화폐의 경우 이러한 프로그래밍을 '스마트 컨트랙트'라고 부릅니다. 스마트 컨트랙트는 앞에서 잠깐 언급했죠. 한국어로는 '똑똑한 계약' 정도로 해석이 될 텐데, 실제로 블록체인에 프로그램을 짜 블록체인 위에서 실행되는 계약이라고 생각하면 됩니다.

이러한 프로그래밍이 가능한 블록체인이 생기면서 탈중앙화된 금융이 가능해졌으며, 대체 불가능한 토큰인 NFT와 같은 기술도 만들 수 있게 되었습니다. 현재 우리가 취급하고 있는 자산 종류 중에서 이러한 프로그래밍이 가능한 자산은 암호화폐밖에 없습니다.

전쟁이나 재난에 강한 휴대성

일반적으로 우리나라에서 암호화폐를 구매하는 사람들은 보통 거래소에서 원화를 입금한 뒤 비트코인이나 이더리움 등과 같은 자산을 매수합니다. 이때 이러한 거래소를 이용하는 것은 사실상 제3자에게 원화를 맡기고 장부상 암호화폐를 구매하는 행위입니다. 즉, 해당 거래소가 파산하거나 해킹을 당해 문제가 발생하면 자산을 돌려받지 못할 수도 있습니다. 그렇기 때문에 오랫동안 암호화폐 투자를 해온 사람들은 장기적으로 암호화폐를 보유하기 위해 거래소가 아닌 개인지갑을 이용하는 경우가 많습니다. 거래소의 경우 돈을 은행에 넣는 것과 비슷한 느낌이라면, 개인지갑에 보관하는 것은 현금을 인출해 자신이 직접 금고에 보관하는 것과 비슷합니다.

현금을 금고에 보관하면 액수에 따라 부피가 늘어나고, 보관과 이동에도 어려움이 따릅니다. 500권의 책이 꽂혀 있는 책장을 생각하면 이해하기 쉬울 것입니다. 500권의 책이 실물로 존재하면 무게와 부피가 많이 나가 이사라도 할 일이 생기면 곤란한 상황에 처할 수도 있습니다. 하지만 500권을 종이책이 아닌 이북(ebook)으로 이북 리더기에 소유하고 있다면 어떨까요? 이북 리더기만 들고 쉽게 이동할 수 있으며, 언제 어디서나 접근이 가능합니다.

암호화폐도 비슷하게 생각하면 됩니다. 1000원을 암호화폐로 가지고 있는 것이나 10억 원을 암호화폐로 가지고 있는 것이나 큰 차이가 없습니다. 이북 리더기를 이동시키듯 암호화폐 지갑*이 있는 기기만 잘 이동시키면 됩니다. 만약 기기를 이동시킬 수 없다면 암호화폐 지갑에 연결할 수 있는 암호만 기억하면 됩니다. 그러

• 암호화폐 지갑Cryptocurrency Wallet
암호화폐를 저장, 송금, 수신하는 데 사용되는 디지털 도구. 하드웨어 지갑, 소프트웨어 지갑, 종이 지갑 등 다양한 형태가 있다.

면 전 세계 어디에서나 복구시킬 수 있습니다.

일반적인 상황에서는 이러한 휴대성이 크게 빛을 발휘하지 못할 수도 있습니다. 하지만 전쟁이나 재난 같은 위급한 상황이 발생했을 때 현금 등의 자산을 이동시킬 수 없는 경우에는 분명 자신의 장점을 마음껏 발휘할 것입니다.

현물 ETF 승인이 만든
코인 시장의 변화

비트코인과 암호화폐는 생성 이후부터 수많은 변곡점이 있었습니다. 비트코인이 생성된 뒤 최초로 활발하게 사용된 곳은 일반적인 상점이 아닌, 지하 경제였습니다. 다크웹이라는 곳에서 불법적인 제품이나 서비스를 결제할 때 신용카드 같은 결제 수단을 사용할 수 없으니 익명으로 교환이 가능한 비트코인이라는 암호화폐를 대체 수단으로 사용하기 시작한 것이죠.

비트코인 현물 ETF의 역사

이후에 마운트곡스(Mt. Gox)라는 비트코인 거래소까지 만들어지면서 비트코인 거래가 조금 더 편하게 진행되었으며, 개인 대 개인이 아닌 암호화폐 거래소를 통한 거래로 시장의 가격이 명확하게 나타나기도 했습니다. 그런데 이러한 마운트곡스가 해킹으로 인해 문을 닫는 일이 발생했습니다. 이때 비트코인이 해킹당한 것이 아니라, 해커의 침입으로 거래소가 소유해야 할 비트코인이 유실되어 파산이 된 것입니다.

하지만 마운트곡스 같은 거래소로 인해 비트코인이 음지가 아닌, 투자 자산 거래 용도로 이용되면서 실리콘밸리 투자자들의 눈에 띄게 되었습니다.

지금은 '메타'라 불리는 페이스북의 최초 아이디어를 마크 저커버그(Mark Zuckerberg)에게 빼앗겼다고 주장하며 소송을 낸 윙클보스(Winklevoss) 형제가 있었습니다. 2008년 그들은 긴 소송 끝에 결국 6500만 달러의 합의금을 받았죠. 윙클보스 형제는 2013년에 비트코인의 가능성을 알아보고 과감하게 100만 달러를 투자해 비트코인 11만 개를 구입했습니다. 그들의 투자는 매우 성공적이었습니다. 하지만 그들은 비트코인 투자에 머무르지 않고 같은 해에 최초로 비트코인 현물 ETF*를 신청했습니다.

> • 현물 ETFSpot ETF
> 실제 자산을 기반으로 하는 ETF. 주식이나 채권처럼 현물 자산을 보유하고 있다. 실제 비트코인 자산을 보유하고 투자자에게 배당하는 방식으로 운영된다.

비트코인 현물 ETF란 실제 비트코인을 기반으로 한 주식 거래소 거래 펀드로, 펀드가 비트코인을 보유함으로써 비트코인의 실시간 가격을 추적하는 것입니다. 이러한 비트코인 현물 ETF가 윙클보스 형제에 의해 처음으로 신청된 것이죠. 최초로 신청했으나 최초로 거부당하기도 했습니다.

윙클보스 형제 외에도 수많은 비트코인 현물 ETF 승인 요청이 미국의 SEC* 문을 두드렸으나 거부당했습니다. ETF 라는 것은 일반 주식과 같이 거래소에서

간편하게 거래되면서 금융 당국의 제재하에 운영되기 때문에 안전하게 거래할 수 있다는 큰 장점이 있습니다. 그렇기에 많은 사람이 비트코인 현물 ETF를 신청하고자 했던 것이죠. ETF가 승인되면 기존 금융권으로 편입된다는 장점과 더불어 기관들의 자금과 유동성이 비트코인으로 원활하게 유입될 수 있습니다.

그렇다고 해서 암호화폐계가 SEC의 승인만 기다리고 있었던 것은 아닙니다. 미국의 그레이스케일이라는 회사에서는 GBTC*라고 하는 비트코인 신탁을 만들었습니다. 이는 비트코인 현물 ETF와 비슷하게 실제로 비트코인을 매수해 보관하며, 투자자들은 지분에 따른 GBTC

를 받게 되는 형태입니다. 다만 GBTC 는 ETF처럼 쉽게 주식시장에서 매수·매도가 되는 것이 아니라 OTC*라고 부르는 장외 거래에서 개별적으로 직접 거래되는 형태로 거래가 가능했습니다.

그레이스케일은 GBTC를 현물 ETF 로 바꾸고자 SEC에 승인을 요청했으나 2022년 6월에 거부당했습니다. 이에 그

레이스케일은 SEC가 명확한 이유를 제시하지 않고 요청을 거부했다며 소송을 제기했습니다. 다음 해 6월에는 세계에서 가장 큰 자산운용사인 블랙록에서도 비트코인 현물 ETF를 신청했습니다. 이를 신호로 받아들인 경쟁사들도 그 뒤를 따랐죠.

블랙록의 등장으로 업계는 세계에서 가장 큰 자산운용사가 비트코인 현물 ETF를 신청했다면 분명 이유가 있을 것이라 생각하며 비트코인 현물 ETF 승인에 대한 기대감을 키웠습니다. 그리고 2023년 8월 그레이스케일이 SEC와의 소송에서 승소를 했다는 소식이 들려왔습니다. GBTC가 비트코인 현물 ETF로 전환되는 데 법적으로 거부할 근거가 명확하지 않다는 판결이 나온 것이죠. 물론 이 판결이 비트코인 현물 ETF 승인을 확정하는 것은 아니었지만 시장의 기대감은 그만큼 커졌습니다.

❚ 게리 겐슬러의 비트코인 상장 승인 성명서

성명

현물 비트코인 거래소 상장 상품 승인에 대한 성명

게리 겐슬러 의장

2024년 1월 10일

오늘 위원회는 여러 현물 비트코인 상장지수상품(ETP) 주식의 상장 및 거래를 승인했습니다.

출처: SEC

역사적인 순간인 2024년 1월 10일(현지 시간), SEC는 의장인 게리 겐슬러(Gary Gensler)의 성명서를 홈페이지에 업로드함과 동시에 11개의 비트코인 현물 ETF를 승인했고, 그로 인해 비트코인이 제도권에서 현물로 거래되기 시작했습니다.

현물 ETF 승인이 중요한 이유

비트코인 현물 ETF 승인이 필요했던 가장 중요한 이유 중 하나는 유동성의 유입입니다. 유동성의 유입이란, 쉽게 말하면 비트코인을 매수하고자 하는 돈이 많아지는 것입니다. 그리고 가장 많은 자금을 운용하는 것은 보통 개인이 아니라 기관들입니다.

기관이라고 하면 복잡하게 생각할 수도 있는데, 국민연금 같이 큰 자산을 운용하면서 수익을 내고자 하는 곳을 말합니다. 이러한 기관들의 단점은 자금의 규모가 워낙 크기 때문에 안전하게, 기존 방식대로 투자를 할 수 있어야 한다는 것입니다. 예를 들어, 미국의 국민연금이 자신들의 포트폴리오에 비트코인을 추가하고자 한다면 이론적으로는 암호화폐 거래소에 계정을 만든 뒤 현금을 입금해 비트코인을 매수해야 합니다. 그리고 이후에는 비트코인을 금고 같은 곳에 안전하게 보관해야 합니다.

문제는 국민연금 같은 곳들은 비트코인 같은 특수한 자산을 관리하는 프로세스가 존재하지 않아 암호화폐 거래소 가입부터 자산을 매입하는 것 등의 절차가 매우 복잡하다는 것입니다. 하지만 비트코인 현물 ETF의 경우, 일반 주식처럼 기존에 거래하던 거래소에서 매수하고, 보관 역시 ETF 발행사가 알아서 해주기 때문에 접근성이 훨씬 좋습니다.

CHAPTER 2.

헷갈리는 코인 용어
완전 정복

블록체인, 투명한,
그 무엇보다 투명한

블록체인은 공개적으로 많은 사람이 동시에 작성하는 거래 장부라고 생각하면 됩니다. 한 사람이 거래 장부를 작성하면 어떤 일이 발생할까요? 그가 나쁜 마음을 먹으면 거래 내역을 누락시킬 수도, 실제와 다르게 작성할 수도 있지 않을까요? 하지만 많은 사람이 같은 거래내역을 분산해 기록하고, 기록하는 과정에서 내용이 올바른지 검증*하는 과정을 거친다면 장부를 위조할 가능성은 현격히 줄어들 것입니다.

> • 검증Validation
> 블록체인에서 거래가 유효한지 확인하는 과정. 노드는 거래의 유효성을 검증하고, 올바르다고 확인되면 블록에 포함시키는 작업을 한다.

그렇다면 우리가 사용하는 금융 시스템의 핵심에 있는 은행은 어떤지 들여다볼까요? 어렸을 때 '만약 내가 은행을 소유한다면 내 통장에 원하는 만큼 돈을 넣을 수 있지 않을까?'라는 생각을 한 적이 있습니다. 과연 그러한 일이 가능할까요? 그래서는 안 되지만 실제로 그러한 횡령이 종종 발생하고 있습니다. 그리고 그 규모는 날이 갈수록 커지고 있습니다.

▌연도별 은행권 횡령액

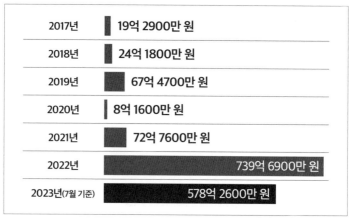

2017년	19억 2900만 원
2018년	24억 1800만 원
2019년	67억 4700만 원
2020년	8억 1600만 원
2021년	72억 7600만 원
2022년	739억 6900만 원
2023년(7월 기준)	578억 2600만 원

출처: 중앙일보(2024. 1)

▌은행·저축은행 횡령액(2017~2023년 7월 합계)

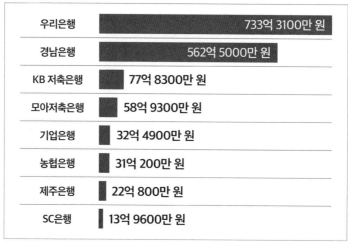

우리은행	733억 3100만 원
경남은행	562억 5000만 원
KB 저축은행	77억 8300만 원
모아저축은행	58억 9300만 원
기업은행	32억 4900만 원
농협은행	31억 200만 원
제주은행	22억 800만 원
SC은행	13억 9600만 원

출처: 중앙일보(2024. 1)

은행의 장부는 은행 직원들만 열람할 수 있습니다. 특정 업무는 한 사람이 맡아서 하는 경우도 많죠. 그래서 관련 데이터나 인맥을 바탕으로 은행의 자금이 개인의 통장으로 이동해도 수년간 알지 못하는 일이 발생할 수 있습니다. 그만큼 은행의 장부는 문제가 발생했을 때 방어하는 데 한계가 있습니다. 해가 지날수록 횡령의 규모가 기하급수적으로 늘어나고 있는 것은 폐쇄적인 중앙화 방식이 가지고 있는 문제를 여실히 보여주고 있습니다. 물론 대부분의 횡령은 결국엔 탄로가 나고, 그에 대한 대응이 마련되기는 합니다.

블록체인의 운영 방식

블록체인이 운영되는 방식을 보다 쉽게 이해할 수 있도록 예를 들어보도록 하겠습니다. 한 야채가게에 감자를 공급하는 사장님, 당근을 공급하는 사장님, 딸기를 공급하는 사장님이 있습니다. 그들은 야채가게와 거래를 하기도 하고, 서로 간 거래를 하기도 합니다.

기존 은행 시스템을 이용할 경우, 각 사장님은 거래를 한 뒤 각자의 은행에 돈을 입출금합니다. 즉, 은행이 중간에서 야채가게 사장님이 당근 가게 사장님에게 100만 원을 입금했다고 증명해 주고 잔고를 수정해 관리해 주는 것이죠. 이것이 바로 기존 거래 방식으로, 은행이 모든 거래 내역을 저장하고 관리합니다.

만약 은행이 거래 내역 증명을 거부하는 상황이 발생하거나 거래 내역을 잘못 기록한다면 장부를 은행이 관리하므로 야채가게 사장님도, 당근을 공급하는 사장님도 서로 간 거래를 증명할 수 있는 방법이 없습니다. 이렇게 제3자를 거쳐 거래 방식을 관리하는 것이 우리가 사용하는 일반적인 화폐 시스템입니다. 자신의 거래 내역을 확인하기 위해서는 은행에 기록되고 저장되는 거래 장부와 통장을 확인해야 합니다.

▌기존 거래 방식과 블록체인 방식

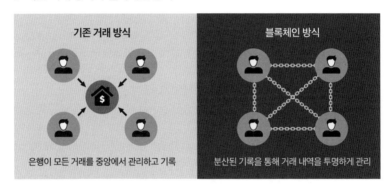

이번에는 4명의 사장님이 은행을 이용하지 않고 직접 거래를 관리한다고 가정해 봅시다. 한 사람에게만 장부를 맡기면 그 한 사람이 사실 은행과 같은 역할을 하게 되는 것입니다. 그렇기 때문에 한 사람이 아닌 4명의 사장님 모두 똑같이 거래 장부를 작성해야 합니다. 자신이 직접 거래하지 않았어도 모든 내역을 동시에 기록하는 것이죠. 그리고 최소 3명 이상이 거래 내역을 동의할 때 기록해야 합니다. 당근 사장님이 감자 사장님에게 당근을 팔아도, 딸기 사장님이 야채가게 사장님에게 딸기를 팔아도 모든 사장님이 장부에 해당 내역을 기록하고 잔고를 수정하기 때문에 그 누구도 함부로 장부를 위조할 수 없습니다.

여러 명이 나누어 장부를 작성하고 저장하므로 거래가 분산되어 저장되는데, 이것이 바로 블록체인이 가지고 있는 분산 저장의 특징입니다. 이를 분산 장부 기술*이라고도 부르죠. 이러한 분산 저장의 가장 큰 특징은 위조가 불가능하고, 불변의 데이터를 가지고 있다는 것입니다. 4명의 사장님이 계속해서 모든 거래 내역을 합의하에 작성한다면 수년 후에도 언제 누가 어떤 거래를 했는지 투명하게 확인할 수 있습니다.

> • 분산 장부 기술
> Distributed Ledger Technology, DLT
> 블록체인을 포함한 기술. 네트워크상의 여러 참여자가 공동으로 데이터를 유지하고 검증하는 기술이다.

자금이 이동하더라도 중앙에서 관리하는 관리자가 필요하지 않고, 분산되어 장부를 작성하는 사람이 많아질수록 위조는 더욱더 어려워집니다. 만약 4명의 사장님 외에는 장부를 작성하지 못하게 한다면 제한적으로 참여가 가능한 금융 시스템이 될 것입니다. 블록체인의 경우도 이런 식으로 특정인만 장부 작성과 금융 생태계에 참여가 가능한 종류가 있는데, 이를 프라이빗 블록체인*이라고 부릅니다.

> • 프라이빗 블록체인
> Private Blockchain
> 특정 조직이나 그룹 내에서만 사용되며, 참여자가 제한되어 있는 블록체인. 외부에 공개되지 않으며, 보다 통제된 환경에서 운영된다.

분산 저장을 하는 기술은 필요한데 외부에 거래 내역이 보이면 안 되는 기업이나 은행 같은 곳들은 블록체인 기반

기술을 이용할 때 프라이빗 블록체인을 구성해 사용합니다. 즉, 장부를 작성하고 블록체인 생태계에 참여할 수 있는 참여자를 제한하고 컨트롤하는 것이죠. 블록체인의 보안, 그리고 위조와 변조가 어렵다는 장점은 취하면서 공개적으로 거래 내역이 보이는 것을 방지할 수 있는 형태입니다.

4명의 사장님이 자신들끼리의 거래에만 장부를 사용하지 않고, 바나나를 파는 사장님과 파인애플을 파는 사장님도 언제라도 원하면 자유롭게 장부를 작성하게 할 수도 있습니다. 이러한 형태로 분산된 장부를 운영하는 것을 '퍼블릭 블록체인', 즉 '공개된 블록체인'이라고 부릅니다. 우리가 흔히 알고 있는 비트코인이나 이더리움 같은 블록체인은 퍼블릭 블록체인에 해당됩니다.

이때 장부를 작성하는 사장님들은 거래 내역을 확인하고 검증하는 역할을 맡게 되는데, 블록체인 생태계에서는 이를 '노드'라고 부릅니다. 물론 사람이 직접 작성하는 것이 아니라 프로그램이 작동해 인터넷으로 서로 연결된 상태로 각각 자신의 컴퓨터에 장부를 기록하는 형태입니다. 이러한 식으로 장부를 작성할 때마다 검증을 하는 작업을 거치게 되는데, 노드를 운영하는 운영자들이 자신들의 자산을 이용해 검증하거나 전기를 사용하여 복잡한 계산식을 이용해 검증하도록 되어 있습니다.

노드를 운영하기 위해서는 자산이 필요한 경우에는 기회비용이 발생하고, 공식 등을 계산해야 하는 경우에는 전기료가 발생하기 때문에 무료로 운영해 줄 사람이 거의 없습니다. 따라서 모두가 자유롭게 참여할 수 있는 퍼블릭 블록체인에서는 노드를 운영하는 운영자들에게 무언가를 보상*해 주죠.

이 노드 운영자들에게 지급되는 보상이 비트코인 블록체인에서는 비트코인이며, 이더리움 블록체인에서는 이

• 보상Reward
블록체인 네트워크에서 노드를 운영하고 거래를 검증하는 데 소모되는 자원과 노력에 대한 보상. 특정 암호화폐 형태로 지급되며, 비트코인 채굴에서 발생하는 새로운 비트코인과 수수료가 이에 해당한다.

더리움 코인입니다. 즉, 블록체인 운영에 필요한 조건을 만들기 위해 노드 운영자들에게 보상으로 블록체인의 코인을 지급해 주고, 노드 운영자들은 지급된 보상을 거래하면서 블록체인의 거래 내역이 발생하게 되는 기초적인 구조를 가지고 있습니다.

암호화폐, 가상화폐, 디지털화폐의 차이점

이렇게 블록체인에서 보상으로 지급하는 코인을 우리는 여러 가지 명칭으로 부릅니다. 우리나라에서 사용되고 있는 용어는 암호화폐, 가상화폐, 가상자산, 디지털화폐 등 무척이나 다양하죠. 이 중에서 우리나라 정부에서 공식적으로 사용하는 용어는 가상자산입니다. 교집합적으로 보면 가상자산은 암호화폐, 가상화폐, 디지털화폐를 모두 아우르는 용어입니다. 각각의 용어를 하나씩 살펴볼까요?

가상자산

현재 우리나라 정부에서 암호화폐를 포함해 모든 종류의 디지털 자산*을 이야기할 때 주로 사용하는 용어입니다. 'Virtual Asset'을 뜻하는 것으로, 암호화

폐, 가상화폐, 디지털화폐 등을 모두 포함합니다.

암호화폐

암호화 기술을 사용하여 보안을 강화한 디지털 화폐, 또는 가상화폐를 의미합니다. 비트코인과 이더리움 같은 암호화폐는 블록체인 기

술을 사용하여 거래를 기록하고, 새로운 단위의 화폐가 생성되는 채굴*을 사용하기도 합니다. 블록체인을 이용한 암호화폐는 분산화되어 있고, 특정 정부나 기관에 의해 통제되지 않습니다.

가상화폐

주로 온라인에만 존재하고, 전통적인 형태의 물리적 화폐(지폐, 동전)는 존재하지 않습니다. 이는 암호화폐를 포함하여 온라인 게임 머니, 포인트 시스템 같은 다른 형태의 디지털 가치 단위를 포함합니다. 가상화폐는 암호화폐와 다르게 반드시 암호화 기술을 사용하지는 않습니다.

디지털화폐

전자적 형태의 모든 화폐를 포함합니다. 여기에는 암호화폐와 가상화폐뿐 아니라, 전자적으로 저장되고 전송될 수 있는 중앙은행의 디지털화폐(디지털 위안, 디지털 유로 등)도 포함됩니다.

비트코인과 알트코인의
결정적인 차이

비트코인과 알트코인의 차이를 알아보기 전에 관련 용어를 잠시 살펴볼까요? 알트코인은 'Alternative Coin'을 줄여 부르는 용어입니다. 비트코인을 제외한 모든 대체 코인을 통틀어 부르는 말이죠. 알트코인의 뜻 자체가 비트코인의 대체 코인을 말하는 것으로, 전체 암호화폐 시장이 여전히 비트코인을 중심으로 움직이고 있다는 뜻이라고도 볼 수 있습니다.

이는 가장 일반적이고 대중적인 코인이 비트코인이라는 것을 뜻하기도 합니다. 물론 비트코인의 아성을 뛰어넘고자 하는 알트코인의 시도가 없었던 것은 아닙니다.

지금부터는 비트코인의 특징과 알트코인이 하고자 하는 것들을 살펴보면서 큰 흐름을 들여다보도록 하겠습니다.

비트코인의 특징

비트코인의 가장 큰 특징은 비트코인의 창시자인 사토시 나카모토가 누구인지 밝혀지지 않았다는 것입니다. 또한 그가 비트코인 네트워크를 론칭하기 위해 채굴했던 지갑들 역시 수년째 움직임이 없습니다. 사토시 나카모토는 가명으로, 실제로 그 이름을 이용해 누가 비트코인 백서를 작성했는지, 누가 비트코인의 초기 코드를 만들었는지 역시 정확히 알려지지 않았습니다. 각종 추측이 난무하고, 자신이 사토시 나카모토라고 주장하는 사람들도 있지만 어쨌든 지금까지는 정확한 실체가 밝혀지지 않았습니다. 그가 개인인지, 단체인지조차 알 수 없는 상태죠.

사토시 나카모토가 활동을 시작한 것은 2007년이었습니다. 그는 비트코인에 대한 코드를 구성하기 시작한 지 1년 만에 'bitcoin.org'라는 도메인을 등록했습니다. 이때 그가 직접 도메인을 등록했는지, 누군가가 대신 등록을 해준 것인지 알 수 없습니다. 같은 해 10월에는 'metzdowd.com'이라는 크립토그래픽 메일링 리스트에 비트코인 백서를 공개했습니다. 그리고 몇 개월이 지난 2009년 1월, 소스포지(SourceForge)라는 소프트웨어 분배 플랫폼에 비트코인의 최초 소프트웨어인 0.1 버전을 업로드했습니다. 그와 동시에 실제로 비트코인 블록체인 네트워크를 가동하기도 했죠.

최초의 블록에는 메시지를 함께 보냈는데, 그 내용은 '2009년 1월 3일, 은행들의 두 번째 구제금융을 앞두고 있는 영국 재무장관'이라는 영국의 신문《더 타임스》의 헤드라인이었습니다. 이것이 바로 사토시 나카모토가 미국이나 영국을 기반으로 활동했을 것이라고 짐작하는 이유 중 하나입니다.

이후에도 그는 2009년부터 2010년까지 다양한 비트코인 개발자들과 함께 일을 했습니다. 그러다 2010년 중반, 비트코인 네트워크가 1년 반 정도 가동되던 시점에 자신이 가지고 있던 비트코인 소스 코드와 알림 키를 비롯해 몇 개의 중요한 인터넷 도메인을 개빈 안드레센(Gavin Andresen)과 주요 비트코인 개발자들에게 넘겨주었습니다. 그리고 더 이상 활동을 하지 않았고, 그와 연관된 지갑들 역시 활동을 멈추었습니다. 2024년에 그의 지갑으로 100만 달러 상당의 비트코인이 전송된 일이 있기는 했지만 특별한 활동은 없는 상태입니다.

그렇다면 이후 비트코인 개발은 어떻게 진행되었을까요? 우선 앞서 이야기했듯 사토시 나카모토는 비트코인의 소스 코드와 주요 리소스를 비트코인 커뮤니티에 넘겼습니다.

2012년, 안드레센은 마약, 총기 거래 등 지하 생태계에서 사용되던 비트코인의 명성을 조금이라도 바로잡기 위해 미국에 비트코인 재단을 설립했습니다. 재단은 각종 범죄에 이용되고 있는 비트코인을 다시 양지로 가져오고자 사용처 정상화를 위해 끊임없이 노력했습니다. 그리고 사토시 나카모토가 사라지고 비트코인의 실질적인 탈중앙화가 이루어지면서 오늘날 우리가 알고 있는 비트코인에 이르게 되었습니다.

비트코인의 탈중앙화

탈중앙화란, 중앙화된 주최 없이 여러 사람이 모여 서로가 같은 뜻으로 합의가 이루어졌을 때 변화가 일어날 수 있는 환경을 뜻합니다. 비트코인의 경우, 다른 암호화폐와 달리 중심적인 인물이었던 사토시 나카모토가 개발과 커뮤니티 참여에서 완전히 빠지면서 비트코인 커뮤니티가 전반적인 발전에 대한 일을 담당하게 되었습니다. 물론 비트코인 재단이 만들어지기는 했지만, 실질적인 개발과 운영은 커뮤니티에 의해 이루어진다고 생각하면 됩니다.

실제로 비트코인에 변화를 주고 싶다면 커뮤니티에 제안을 하는 과정을 거쳐야 합니다. 이 제안 프로세스를 '비트코인 제안 프로세스'라고 하여 BIP*라 부릅니다. 이곳에는 누구나 자유롭게 의견을 올릴 수 있습니다. 그 후에는 커뮤니티에서 검토 및 논의 과정을 거치는데, 전체가 합의를 해야만 채택이 이루어집니다. 이를 결정하는 커뮤니티에는 다양한 네트워크 참여자가 있습니다. 크게 나눠보면 다음과 같죠.

> • BIP
> Bitcoin Improvement Proposals
> 비트코인 네트워크의 개선을 위해 제안되는 문서. 변경 사항이나 새로운 기능에 대한 설명과 세부 구현 사항을 포함한다.

개발자

실제로 비트코인 코드를 개발하고, 유지 보수를 담당하는 커뮤니티 멤버들입니다. 가장 중요한 변경 사항은 '비트코인 코어 팀'이라 불리는 커뮤니티에서 인정한 개발팀에 의해 이루어집니다. 개발자들은 새로운 기능을 개발하고, 누군가가 무언가를 제안하거나 코드 변경이 이루어지면 그에 대한 피드백 등을 해줄 수 있습니다.

채굴자[*]

채굴자는 트랜잭션[*]을 검증해 비트코인을 새로 발행하는 사람들입니다. 비트코인 네트워크가 작동되기 위해서는 트랜잭션을 검증하고, 그에 대한 보상으로 비트코인을 채굴하는 채굴자들이 있어야 합니다. 트랜잭션이란 블록

> • 채굴자Miner
> 비트코인 네트워크의 트랜잭션을 검증하고 새로운 비트코인을 발행하는 과정인 '채굴'을 수행하는 개인, 또는 단체
>
> ------------------------------
>
> • 트랜잭션Transaction
> 블록체인 트랜잭션은 디지털 장부에 기록되는 안전하고 변경 불가능한 거래를 말한다.

체인이라는 디지털 장부에 기록되는 거래나 활동을 말합니다. 사람들이 보통 "비트코인을 채굴한다"라고 이야기하면 이 채굴자들이 하는 일을 말하는 것이라고 생각하면 됩니다.

그들이 없으면 트랜잭션이 검증되지 않으므로 네트워크 운영에 반드시 필요합니다. 채굴자들이 BIP에 올라온 합의에 참여할 수 있는 이유는 비트코인 체인의 소프트웨어 업데이트를 거부할 수 있기 때문입니다. 만약 과반수 이상의 채굴자가 새롭게 합의된 비트코인 소프트웨어를 업데이트하지 않는다면 비트코인 네트워크는 변경되지 않습니다.

노드 운영자

채굴자들이 네트워크 작동을 위해 트랜잭션, 즉 거래를 검증하면서 보상을 받는 역할을 하고 있다면 노드 운영자*들은 블록체인의 복사본을 유지하고 네트워크 규칙을 준수하면서 비트코인 블록체인이 유지될 수 있도록 합니다. 노드 운영자들 역시 특정 비트코인 소프트웨어가 업데이트될 때 이를 채택하거나 거부하면서 지지, 또는 반대를 표현할 수 있습니다.

> **• 노드 운영자**
> Node Operator
> 비트코인 네트워크의 풀 노드를 운영하여 네트워크의 데이터를 저장하고 트랜잭션을 전파하는 역할을 한다.

사용자

사용자는 비트코인을 사용하는 일반 유저를 뜻합니다. 사용자가 탈중앙화에 어떤 역할을 할 수 있는지 의문이 들 수도 있는데, 비트코인을 전송하고 트랜잭션을 일으키는 유저가 없다면 블록체인의 의미는 희미해집니다. 따라서 사용자들은 비트코인 블록체인을 인정하고 해당 블록체인을 이용하는 것으로 비트코인의 탈중앙화에 큰 기여를 합니다.

> **• 하드포크** Hard Fork
> 기존의 블록체인과 호환되지 않는 규칙 변경으로 인해 새로운 체인이 생성되는 것. 이 과정에서 블록체인이 분기하여 새로운 암호화폐가 탄생할 수도 있다.

만약 이러한 참여자들의 의견이 일치하지 않고, 그와 동시에 다른 종류의 비트코인 소프트웨어가 존재하게 된다면 하드포크*라는 것을 하게 됩니다. 하드포크란, 비트코인 소프트웨어를 업데이트할 때 이를 찬성하는 쪽과 반대하는 쪽이 갈라지면서 블록체인에 적용되는 시점에 체인이 2개로 갈라지는 현상을 말합니다. 비트코인 캐시*가 대표적인 예인데, 비트코인을 다르게 운영했으면 좋겠다고 주장하는 참여자들이 다수 생기면서 비트코인 캐시라는 암호화폐로 따로 분리해 나갔습니다.

> • 비트코인 캐시Bitcoin Cash
> 비트코인의 하드포크를 통해 생성된 새로운 암호화폐. 트랜잭션 처리 속도와 용량을 개선하기 위해 만들어졌다.

하드포크의 특징은 하드포크가 발생할 경우, 이미 비트코인을 소유한 참여자들이 오리지널 비트코인도 소유하고 비트코인 캐시도 소유하게 된다는 것입니다. 이전의 거래 내역을 그대로 이어받으면서 운영 방식을 달리하는 블록체인을 생성하기 때문입니다.

여기서 볼 수 있는 프로세스가 바로 블록체인 탈중앙화의 핵심 중 하나입니다. 서로 의견이 맞지 않고 자신들만의 방향으로 암호화폐를 발전시키고자 하는 지지자들이 충분히 생길 경우에는 원하는 변화를 가지고 하드포크를 하고 나가면 됩니다. 이때 기존의 블록체인 세력들과 새로운 블록체인 세력들이 모두 전통성을 강조하며 자신들이 오리지널이라고 주장하지만, 아직까지는 하드포크를 하고 난 이후에 오리지널 체인의 영향력을 뛰어넘은 자산은 거의 없었습니다.

탈중앙화를 이해하려면 비트코인의 총수량을 예시로 보면 됩니다. 일부 사람은 비트코인의 총수량이 2100만 개로 한정되어 있는 것은 단순한 약속이기에 언제라도 변경이 가능하다고 말합니다. 실제로 비트코인 소프트웨어의 코드를 변경하고 모든 참여자의 합의를 얻는다면 총수량의 한계가 사라질 수도 있습니다. 하지만 비트코인의 핵심 기능 중 하나인 총수량의 한정성을 포기하고 비트코인을 변경하고자 하는 움직임만큼 그것을 지키고자 하는 움직임도 있을 것이며, 참여자 중 51% 이상이 기존의 총수량 제한을 유지하길 원한다면 비트코인은 변하지 않을 것입니다. 물론 총수량 제한이 없는 하드포크된 '비트코인 언리미티드(Unlimited)'와 같은 블록체인이 나올 수는 있습니다.

주인이 없는 비트코인

지금까지 비트코인의 탈중앙화가 운영되는 방식을 알아보았습니다. 실제로 비트코인 재단이 존재하고 있지만 비트코인에 직접적인 영향력을 미친다기보다는 비영리적 재단으로서 비트코인 마케팅을 위해 자발적으로 만들어진 단체 정도로 볼 수 있습니다.

여기서 비트코인과 알트코인의 가장 큰 차이점이 나타납니다. 대부분의 알트코인은 비영리 형태라고 해도 재단이 해당 암호화폐나 블록체인의 운영에 어느 정도 관여를 합니다. 직접 블록체인을 운영하는 재단은 블록체인 운영, 관리, 핵심 개발을 주도하고, 블록체인을 운영하지 않고 토큰을 바탕으로 프로젝트를 운영하는 재단은 프로젝트 프로토콜*을 관리하거나 개발하는 등의 역할을 하는 경우가 많습니다.

> • 프로토콜Protocol
> 블록체인 네트워크의 작동 방식을 규정하는 규칙과 절차의 집합

이를 들여다보면 비트코인은 탈중앙화로 운영되기 때문에 블록체인의 코어를 위한 개발 프로세스나 변화 등이 중앙화된 재단이나 운영 주최가 있을 때보다 느리게 반영된다는 특징이 있습니다. 하지만 반대로 개발 프로세스를 운영할 재단이 없다 해도 비트코인 커뮤니티 멤버들과 개발자들이 꾸준하게 비트코인을 향상시킵니다. 다른 알트코인들은 재단의 자금력 등이 떨어질 경우 추진력을 잃을 가능성이 높은 것과 대조가 됩니다.

대부분의 알트코인 재단도 완전한 탈중앙화를 목표로 활동하지만 실제로 탈중앙화를 이루기란 쉬운 일이 아니므로 단계적인 과정을 통해 탈중앙화에 도달하기 위해 노력하는 경우가 많습니다.

투자를 할 때 비트코인과 알트코인의 접근 방법이 다른 것 역시 이러한 배경에서 비롯된다고 생각하면 됩니다. 비트코인은 실제로 투자를 하거나 사용하는 사람들이 비트코인을 가지고 무엇을 하는지 등을 살피고 미래에 대한 전망을 분석해야 한다면, 알트코인은 해당 알트코인을 주도적으로 운영하거나 핵심적인 개발 등을 하는 재단의 움직임을 필수적으로 같이 분석해야 하기 때문입니다.

비트코인과 알트코인의 차이

우선 비트코인은 그냥 비트코인입니다. 핵심적인 기능은 비트코인에 대한 트랜잭션을 하는 것입니다. 물론 최근에는 비트코인 역시

NFT나 토큰 생성을 할 수 있는 생태계 등이 만들어지고 있기는 하지만, 기능적으로 비트코인 블록체인은 비트코인의 보관과 거래에 집중이 되어 있습니다. 이는 비트코인의 장점이지만 빠르게 변하는 암호화폐 생태계에서는 부분적으로 단점으로 작용할 수도 있습니다. 결국 알트코인들은 비트코인이 해결하지 못하는 부분들을 해결하기 위해 만들어지고 운영되는 경우가 많습니다.

이더리움은 블록체인상에서 직접 프로그래밍할 수 있는 기능을 만들어주면서 비트코인과의 차별점을 내세웠습니다. 이더리움이 세상에 나온 뒤에는 암호화폐 발행이 매우 간단해졌습니다. 비트코인 때는 암호화폐를 따로 발행하기 위해 아예 블록체인 전체를 하나 만들어야 했다면, 이더리움이 만들어진 이후에는 이더리움 블록체인상에서 손쉽게 새로운 토큰을 만들 수 있게 되었기 때문입니다.

현재는 이더리움을 이용해 따로 블록체인을 만들지 않고 프로젝트를 운영하는 곳들도 있으며, 반대로 비트코인이나 이더리움의 한계를 개선하고자 만들어지는 블록체인들도 있습니다.

비트코인은 암호화폐의 디지털 금*으로서 기초를 다진 반면, 이더리움과 다른 알트코인들은 블록체인 기술의 확장 가능성과 유연성을 탐색하며 새로운 경로를 개척하고 있습니다. 이더리움의 스

> • 디지털 금Digital Gold
> 비트코인을 경제적 상거래 도구로 사용하지 않고, 주로 가치 보존 수단으로 사용하는 개념. 이는 비트코인이 금과 유사한 속성을 가지고 있다고 보는 것을 의미한다.

마트 컨트랙트 기능은 사용자들이 블록체인상에서 직접 프로그래밍을 할 수 있게 하여 복잡한 계약과 자동 실행 기능을 구현할 수 있도

록 했습니다. 이러한 기능은 비트코인에서는 제공되지 않는, 이더리움의 가장 큰 차별점 중 하나입니다.

스마트 컨트랙트는 블록체인상에서 작동하는 프로그램으로, 미리 정해놓은 조건이 충족되면 자동으로 계약이 실행됩니다. 이를 통해 사람들은 중개자 없이도 안전하게 거래를 진행할 수 있습니다. 두 사람이 물건을 사고팔 때 스마트 컨트랙트를 사용하면 조건이 맞을 경우 자동으로 돈이 이동하고 물건이 배송되는데, 중간에 누군가가 확인하거나 조정할 필요가 없어 시간과 비용을 절약할 수 있습니다.

스마트 컨트랙트는 한 번 블록체인에 올리면 이후에 변화를 주는 것이 어렵습니다. 이는 블록체인의 불변성과 투명성을 보장하는 동시에 계약의 신뢰성을 높여줍니다. 이더리움은 비트코인과 달리 스마트 컨트랙트를 실행할 수 있는 환경을 제공하여 블록체인 기술의 가능성을 크게 확장시켰습니다.

이더리움 플랫폼을 기반으로 한 ERC-20* 토큰 표준은 개발자들이 별도의 블록체인을 구축하지 않고도 자신들의 프로젝트를 위한 토큰을 손쉽게 발행할 수 있게 해 크라우드 펀딩, 디지털 자산 운영 등 다양한 분야에서 활용되고 있습니다. 이는 비트코인 네트워크보다 더 많은 기능과 유연성을 제공하며, 블록체인 기술의 적용 범위를 넓혔습니다.

> • ERC-20
> Ethereum Request for Comment 20
> 이더리움 블록체인에서 사용되는 토큰 표준. 개발자들이 자신의 토큰을 쉽게 만들고, 이더리움 네트워크 내에서 교환할 수 있게 한다.

또한 리플*과 솔라나* 같은 알트코인들은 각기 다른 목적과 기능을 가지고 시장에 나와 비트코인의 기본 제공 기능을 넘어선 서비스를 제공하고 있습니다. 이러한 알트코인들은 특정 니즈에 맞춘 솔루션을 제공함으로써 금융, 의료, 부동산, 공공 서비스 등 전통적인 산업에 혁신을 일으키는 데 중요한 역할을 하고자 합니다.

블록체인 기술의 투명성, 불변성, 보안성은 디지털 자산 관리에 있어 새로운 기준을 설정하고 있으며, 이는 전반적인 기술 발전을 촉진하는 요인으로 작용하고 있습니다.

스테이블코인, 현실에 발을 디디고 있는 코인

스테이블코인*은 암호화폐 시장에서 변동성*을 줄이기 위해 고안된 디지털 통화입니다. 이 코인들은 일반적으로 더 안정적인 자산, 예를 들어 법정화폐*나 금 같은 귀금속에 가치를 연동시켜 설계됩니다. 스테이블코인의 주된 목적은 암호화폐의 가격 변동성을 줄이면서 디지털 형태의 결제 수단과 가치 저장 수단으로서 기능을 하게 하는 것입니다.

그렇다면 스테이블코인은 왜 필요한 걸까요? 우선 한국 원화를 생각해 봅시다. 원화는 한국에서 통용되는 화폐이므로 지폐를 가지고 버스를 탈

> • 스테이블코인Stable Coin
> 기존 명목화폐나 자산에 연동되어 가치 변동성을 최소화한 암호화폐
>
> • 변동성Volatility
> 자산 가격의 변동폭이나 변동 속도를 나타내는 금융 용어. 암호화폐 시장에서는 가격 변동이 특히 심한 것으로 알려져 있다.
>
> • 법정화폐Fiat Money
> 정부나 중앙은행이 발행하고 법적으로 인정한 화폐. CBDC도 법정화폐의 역할을 수행한다.

수도 있고, 마트에서 물건을 살 수도 있으며, 길거리에서 떡볶이를 사 먹을 수도 있습니다. 그런데 이러한 한국 원화를 해외에 가지고 나가면 어디에서도 통용되지 않아 아무런 쓸모가 없어집니다. 반대로 스위스 프랑을 한국 미용실에 가지고 가 결제하려고 하면 거부를 당할 것입니다.

암호화폐 생태계도 이와 비슷합니다. 암호화폐 자체는 전 세계에서 거래되고 있지만, 각 나라마다 가지고 있는 화폐의 종류도 다르고 자국의 화폐를 암호화폐로 바꿀 수 있는 방법도 다양합니다. 한국의 거래소들은 우수한 금융 인프라 덕에 은행에서 무통장 입금을 하면 몇 초 안에 곧바로 거래가 가능합니다. 하지만 한국 외 나라는 우선 자국에 자체적인 암호화폐 거래소가 없을 수도 있으며, 있다 해도 무통장 입금이 한국만큼 빠르게 처리되지 않을 가능성이 큽니다.

한국 거래소의 경우, 원화를 곧바로 다른 암호화폐로 거래할 수 있습니다. 이를 '거래 쌍'이라 부릅니다. 만약 제가 한국이 아닌 스위스에서 생활하며 프랑을 사용하는데 암호화폐 거래소에서 거래를 하고자 한다면, 곧바로 프랑을 가지고 암호화폐를 거래할 수 있는 곳은 없습니다. 따라서 암호화폐 생태계에서는 보통 미국 달러의 가격을 따르는 스테이블코인이라는 암호화폐를 만들어 거래를 합니다. 즉, 스위스의 프랑, 터키의 리라, 유럽의 유로 등도 암호화폐를 거래하기 위해서는 우선 달러 기준의 스테이블코인으로 전환해야 합니다. 그런 다음 스테이블코인으로 비트코인이나 이더리움 같은 암호화폐를 거래해야 하죠.

암호화폐 거래소의 경우, 특정 국가의 사용자만 참여하는 것이 아닌, 전 세계 사용자들이 참여하는 경우가 많아 이러한 스테이블코인 같은 암호화폐의 필요성이 생기게 되었습니다.

스테이블코인의 종류

가장 대표적인 스테이블코인은 중앙화된 기업이 법정화폐를 담보로 발행합니다. 시가총액이 가장 높은 테더사의 USDT*가 이러한 형태로 만들어졌으며, 미국 코인베이스가 지분을 가지고 있는 서클사의 USDC*도 마찬가

> • USDT Tether
> 테더사가 운영하는 스테이블코인. 가장 널리 쓰이며 중앙화 거래소에서 주로 사용된다.
> ----------------------
> • USDC USD Coin
> 서클사가 운영하는 스테이블코인. 탈중앙화 거래소에서 인기가 많다.

▌ 스테이블코인의 종류

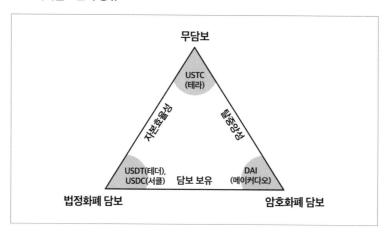

무담보

USTC
(테라)

자본효율성

탈중앙화

USDT(테더),
USDC(서클)   담보 보유

DAI
(메이커다오)

법정화폐 담보   암호화폐 담보

지입니다. USDT는 중앙화 거래소에서 거래 쌍으로 활용되는 경우가 많고, USDC는 디파이 생태계에서 많이 활용되고 있습니다.

스테이블코인의 활용

사실 한국 암호화폐 거래소에서 원화로만 거래를 할 경우에는 스테이블코인을 사용할 이유가 없습니다. 하지만 해외 거래소로 투자처를 옮기거나 디파이를 하게 될 경우에는 더 이상 원화를 사용할 수 없으므로 투자에 대한 현금화 등을 하고자 할 때는 스테이블코인을 이용할 수밖에 없습니다. 한국의 대표 거래소인 업비트와 빗썸에서는 USDT의 입출금을 지원합니다.

가장 많이 사용하는 것은 거래소에서의 거래 쌍입니다. 중앙화 거래소는 USDT를 많이 사용하고, 디파이 같은 탈중앙화 금융의 경우에는 USDT와 더불어 USDC를 많이 사용합니다. 스테이블코인 중에서 가장 많이 쓰이는 것은 USDT와 USDC이지만, 그외에도 다양한 스테이블코인이 존재합니다.

비트코인 현물 ETF가 승인되기 전까지는 기존 금융 생태계를 바탕으로 비트코인에 직접 투자할 수 있는 방법이 없었습니다. 그래서 스테이블코인 시가총액의 증감에 따라 비트코인 같은 암호화폐에 대한 수요를 측정했습니다. 예를 들어, USDT나 USDC가 추가로 10억 달러어치 발행되었다면 투자자가 10억 달러를 담보로 예치하고 스테이블코인을 가져갔다는 뜻입니다. 보통 이러한 스테이블코인을 중앙화 거래소나 탈중앙화 거래소에서 비트코인 등 다른 암호화폐로 거래합니다. 이러한 이유로 스테이블코인 발행량이 많아지면 암호화폐 수요에 대한 니즈가 늘어난다고 분석합니다.

발행량이 늘어나지 않더라도 스테이블코인에 대한 수요는 지속적으로 있습니다. 특히 암호화폐의 가격이 떨어질 때는 가치를 유지하는 비교적 안전한 스테이블코인으로 자산을 이동시키기 때문에 시장 변동에 덜 민감하게 반응할 수 있게 됩니다.

스테이블코인의 안정성

스테이블코인이라는 이름의 유래는 법정화폐의 가격을 안정적(스테이블)으로 유지한다는 것에서 왔습니다. 그렇다면 스테이블코인은 그 어떤 경우에도 가격을 안전하게 유지할까요? 그렇지 않습니다. 스테이블코인이 가격을 유지할 수 있는 것은 담보된 자산이 그만큼 존재하기 때문입니다. 가장 대표적인 테더사의 USDT와 서클사의 USDC도 1달러의 가치를 유지하지 못하고 가격이 1달러 아래로 떨어진 적이 있습니다. 이렇게 유지하고자 했던 가격선을 유지하지 못하고 벗어나는 것을 언패깅(Unpegging)* 이라고 부릅니다.

> • 언패깅Unpegging
> 스테이블코인 등 특정 암호화폐가 고정된 자산(예를 들어 달러)과의 가치 연동을 잃고 가격이 변동하는 상황

테더사의 언패깅 사례는 2018년에 있었습니다. 이때 USDT는 1달러가 아닌 0.85달러까지 가치가 하락했습니다. 당시 테더사의 주요 은행 파트너였던 노블 뱅크(Noble Bank)의 금융 문제가 언론에 보도되면서 테더사에 대한 불안감이 고조되었습니다. 은행의 재정적 어려움과 테더사의 자금 보유 상태에 대한 불확실성이 맞물리자 시장 투자자들은 제대로 된 담보 없이 USDT가 발행된 것이 아니냐는 의혹을 제기했습니다. USDT는 이후에도 담보가 현금화되지 않는 회사채라는 의혹 등이 있었죠. 이 일들은 발행사가 운용하는 자금에 대한 건전성과 신뢰, 투명성이 무척이나 중요하다는 사실을 깨닫게 해주었습니다.

이후 테더사는 대부분의 예비금을 예적금이나 단기 미국채로 전환하고, 주기적인 오딧*을 통해 시장의 신뢰를 받을 수 있도록

> • 오딧Audit
> 블록체인 프로젝트상에 오류가 있는지, 안전성을 확인하는 작업

노력하고 있습니다. 오딧이란, 기업이나 조직의 회계 기록, 재무 상태, 거래 과정 등을 독립적으로 검토하고 평가하는 과정을 말합니다.

서클사의 USDC는 미국에서 발행되어 더욱 엄격하게 관리받고 있습니다. 주기적인 오딧과 더불어 모든 예비금을 예금과 단기 미국채로 보관하면서 특히 디파이 생태계에서 많은 채택을 받고 있습니다.

그런데 이러한 USDC도 2023년에 언패깅되었습니다. 이는 당시 전 세계에서 세 번째로 규모가 컸던 암호화폐 거래소 FTX의 파산과 연관이 있었습니다. 하지만 결정적인 이유는 따로 있었는데, 나비 효과로 실리콘밸리 은행이 파산하면서 USDC 역시 33억 달러가 실리콘

밸리 은행에 노출되었다는 소식이 퍼져 나갔습니다. 이는 서클사의 USDC가 실리콘밸리 은행에 예치된 33억 달러의 자산과 관련된 재정적 위험에 처했다는 의미입니다. 즉, 실리콘밸리 은행에 문제가 발생하면 이 자산이 영향을 받을 수 있다는 뜻으로 은행의 재정 상태가 악화되거나 파산하는 경우, 서클사의 자금 일부가 손실될 수 있다는 리스크에 직면했다는 뜻이죠. 그로 인해 USDC도 1달러 가격을 유지하지 못하고 0.87달러까지 가치가 하락했습니다.

결론적으로는 테더사와 서클사 모두 각각의 악재를 해소해 다시 1달러로 거래되고 있습니다. 하지만 스테이블코인이라는 이름과 다르게 다시는 가격을 회복하지 못한 경우도 있습니다.

가장 대표적인 예는 암호화폐계에 큰 충격을 주었던 테라 블록체인의 스테이블코인 USTC의 몰락입니다. USTC는 자체적인 테라 블록체인의 암호화폐인 루나(LUNA)를 바탕으로 발행되었으며, 이론적으로는 루나의 가격이 오르면 더욱더 많은 USDC를 발행할 수 있었습니다. 만약 루나의 가치가 떨어지면 USTC와 루나 간의 재정 거래를 통해 가격을 유지할 수 있도록 하는 알고리즘을 가지고 있었죠. 문제는 이 알고리즘은 암호화폐 시장이 좋을 때는 큰 문제없이 작동했으나, 큰 자금이 한꺼번에 USTC를 바꾸고자 할 때는 상황이 크게 달라졌습니다. 가격이 언패깅되면서 루나와의 연쇄 작용으로 일명 '죽음의 소용돌이'로 진입해 가치를 완전히 상실했죠.

스테이블코인은 한 국가가 아닌 사기업이 발행하는 코인으로, 사실상 해당 사기업의 운영과 투명성에 대한 신뢰를 바탕으로 거래가 이루어집니다. 예비금에 대한 신뢰가 하락하거나 악재가 나타나면 시가총액 1, 2위를 하던 스테이블코인도 가격이 언패킹되는 현상이 나타납니다. 이는 과거 사례를 통해 이미 증명이 되었죠. 탈중앙화 형태로 알고리즘을 기반으로 한 무담보 스테이블코인의 경우에는 아직까지 성공한 케이스가 없습니다.

따라서 암호화폐 투자를 할 때 스테이블코인을 사용하게 된다면 비트코인이나 이더리움처럼 탈중앙화된 시장 원리에 의해 가치가 결정되는 코인이 아닌, 중앙화된 프로젝트 운영에 따라 가치가 언제라도 하락할 수 있는 코인이라는 것을 반드시 기억해야 합니다.

코인이 지갑에 없으면
내 돈이 아니라고요?

한국 원화 거래소를 사용하면 암호화폐의 개인지갑 개념을 인지하지 못할 수도 있습니다. 업비트나 빗썸 같은 거래소들은 회원가입을 하고 나면 대부분 원화를 우선 입금한 뒤 암호화폐 거래를 하기 때문입니다. 이때 원화 거래소에서 제공되는 암호화폐들은 다른 사용자들이 거래소에 입금한 뒤 거래를 하고 있는 암호화폐들입니다.

암호화폐를 전송하기 위해서는 블록체인에서 제공하는 지갑이 있어야 합니다. 중앙화된 거래소에서 암호화폐를 사고파는 것은 사실상각 거래소에서 일어나는 장부 거래로, 실제로 암호화폐가 블록체인상에서 전송되는 것은 아닙니다. 블록체인상 거래는 거래소에서 자신의 개인지갑으로 출금 요청할 때 일어납니다.

그렇다면 코인이 지갑에 없으면 내 돈이 아니라는 것은 어디에서 나온 이야기일까요? 우선 암호화폐 거래소에서 보관하고 있는 자산은 사기업인 거래소가 회원가입을 한 내 명의의 자산을 위탁받아 관리 및 보관을 하는 것입니다. 만약 거래소가 파산하거나 해커가 거래소를 해킹해 거래소에 보관된 모든 자산을 훔쳐간다면 더 이상 내 자산에 접근할 수 없습니다. 허무맹랑한 이야기처럼 들릴 수도 있지만 이와 같은 일은 암호화폐 역사에서 매우 자주 일어났습니다.

대표적인 사건은 아직까지도 회자되고 있는, 당시 세계 최대 비트코인 거래소였던 마운트곡스의 파산이었습니다. 일본에 본사를 두고 있던 마운트곡스는 2014년에 발생한 대규모 해킹 사건으로 약 85만 비트코인을 도난당했습니다. 이 중 약 75만 비트코인은 고객들의 자산이었죠. 마운트곡스는 결국 파산 신청을 했고, 고객들의 자산은 그렇게 하루아침에 사라져 버렸습니다.

세계에서 가장 큰 거래소의 해킹 사건으로 당시 비트코인 거래 시장은 상당히 큰 타격을 받았습니다. 마운트곡스는 파산 절차와 함께 거래소에서 도난당한 비트코인 중 약 20%를 되찾았는데, 채권자들에게 이 비트코인을 언제 돌려줄지도 주목받는 상황입니다. 도난당한 시점에 약 400만 원이었던 비트코인의 가치가 25배가량 올랐기 때문이죠. 비트코인 14만 2000개가 시장에 풀리면 압력으로 작용할 가능성이 큽니다.

전 세계에서 세 번째로 규모가 큰 암호화폐 거래소였던 FTX의 이야기도 들려 드릴까요? FTX는 자금 유용, 부적절한 자산 관리 등의 문제로 파산 신청을 했습니다. 파산 위험에 대한 소식이 업계에 퍼지자 아침부터 메시지 알림이 계속해서 울렸던 기억이 나네요. 실제로 저는 FTX에 보관하고 있던 자금을 당일 아침에 급하게 이동시켰습니다.

암호화폐 거래소의 경우도 뱅크런*과 같은 현상이 발생할 수 있습니다. 고객들의 자산을 그대로 예치받아 출금 요청 시 출금을 해주면서 100%의 예치율을 보여야 하기 때문입니다. 하지만 FTX는 고객들의

자금을 유용했고, 그로 인해 실제 거래소에 있어야 할 고객의 자금이 존재하지 않았습니다. 다행히 저는 출금 신청을 하고 얼마 지나지 않아 처리가 되어 자금이 잘 빠져나왔지만, 불과 몇 시간 후에 출금 신청을 한 수많은 투자자는 출금이 막혀 결국 자금을 빼지 못했습니다. 현재 FTX는 파산 절차를 밟고 있으며, 일부 자금이라도 회수하기 위해서는 수년이 걸릴 수도 있습니다.

개인지갑과 거래소의 차이점

투자자라면 개인지갑과 거래소의 차이점을 알아둘 필요가 있습니다. 이 둘의 차이는 자산을 직접 보관하느냐, 누군가가 자산을 대신 관리해 주느냐입니다. 이러한 차이를 잘 모르겠다면 앱이나 서비스 등을 사용할 때 이메일 주소와 패스워드를 이용해 로그인하고, 암호화폐 자산이 입금될 경우에는 개인지갑이 아닌 누군가가 자산을 대신

관리해 주는 것이라고 생각하면 됩니다.

개인지갑의 경우, 블록체인의 종류와 지갑의 종류에 따라 천차만별로 관리가 되지만, 일반적으로 개인지갑을 직접 관리하기 위해서는 개인지갑의 비밀번호인 개인 키*를 알아야 합니다. 이 개인 키는 블록체인의 종류에 따라 조금씩 차이가 있지만, 비트코인이나 이더리움의 경우에는 사람이 읽을 수 있는 문자와 64개의 숫자로 이루어져 있습니다.

> • 개인 키|Private Key
> 암호화폐를 보내는 데 사용되는 비밀번호 같은 코드. 이 키를 가지고 있는 사람만이 해당 암호화폐를 사용할 수 있다.

블록체인의 개인지갑을 이해하기 위해서는 전화번호가 있는 금고를 상상하면 됩니다. 각 금고마다 전화번호가 있어 누구나 해당 전화번호만 알면 금고 안에 무엇이 들어 있는지, 어떤 종류의 거래를 했는지 등을 알 수 있습니다. 그리고 상대방의 전화번호를 알면 카카오톡 메시지로 송금을 할 수 있는 것처럼, 블록체인 개인지갑의 전화번호를 알면 자산을 송금할 수 있습니다. 이 블록체인 금고인 개인지갑의 전화번호를 공개 키*라고 합니다.

> • 공개 키|Public Key
> 개인 키에서 파생된 주소. 이 주소를 가지고 있으면 다른 사람들도 암호화폐를 보낼 수 있으며, 이는 공개적으로 공유될 수 있다.
>
> --------------------
>
> • 지갑 주소|Wallet Address
> 공개 키를 기반으로 만들어진, 다른 사람들이 암호화폐를 보내기 위해 사용하는 주소. 일종의 이메일 주소와 비슷하다.

또한 공개 키와는 기능적으로 상이하나 비슷한 의미로 사용되고 있는 지갑 주소*라는 것도 있습니다. 지갑 주소는 공개 키를 기반으로 만들어지며, 블록체인상에서 다른 곳으로 자산을 전송하려면 반드시 지갑 주소를 알고 있어야 합니다. 사실 정확하게는 '계정 주소'라는 명칭을 사용해야 하지만, 많은 투자자, 심지어 서비스들도 지갑 주소라는 명칭을 사용하고 있습니다.

지갑 주소를 알고 있다고 해서 지갑 주소 안에 있는 자산을 빼낼 수는 없습니다. 지갑 주소에 있는 자산을 이동시키기 위해서는 금고에 열쇠가 필요하듯 개인 키가 필요합니다. 이 개인 키만 가지고 있으면 자신뿐 아니라 전 세계에 있는 누구라도 지갑에 있는 자산을 마음대로 이동시킬 수 있습니다.

이러한 지갑을 쉽게 사용하기 위해서는 보통 지갑 프로그램을 사용합니다. 대표적인 지갑은 메타마스크 같은 이더리움 계열의 지갑들입니다. 개별적인 모바일폰용 앱이 있는 경우도 있고, 브라우저에 플러그인처럼 설치해 사용하는 경우도 있습니다.

시드 문구*는 암호화폐 지갑을 복구할 수 있는 단어들의 조합으로, 지갑의 모든 개인 키를 생성할 수 있습니다. 개인 키는 특정 암호화폐 지갑에 접근하

> • 시드 문구Seed Phrase
> 암호화폐 지갑을 복구하거나 지갑에 접근할 수 있는 12개 또는 24개의 단어로 이루어진 보안 코드

고 거래를 서명하는 고유한 암호입니다. 간단히 말해, 시드 문구는 여러 개인 키를 생성할 수 있는 마스터 키 같은 역할을 하고, 개인 키는 그 지갑의 특정 주소에 대한 직접적인 액세스 권한을 부여합니다.

개인지갑의 종류

암호화폐 개인지갑은 종류가 매우 다양한데, 크게 소프트웨어 지갑과 하드웨어 지갑으로 분류할 수 있습니다.

소프트웨어 지갑

가장 보편적으로 사용되는 것은 소프트웨어 지갑입니다. 이는 다시 인터넷 브라우저에 플러그인을 설치해 사용하는 지갑과 모바일폰에 앱으로 설치해 사용하는 지갑, 온전히 웹으로 접근이 가능한 지갑으로 구분됩니다.

일반적으로 가장 흔하게 사용되는 것은 인터넷 브라우저에 플러그인을 설치해 사용하는 지갑입니다. 모바일용 지갑은 보통 앱으로 다운로드 받아 스마트폰에서 사용할 수 있는 지갑을 뜻합니다. 모바일폰의 브라우저에서 블록체인과 관련된 서비스를 이용할 때 지갑 앱이 따로 호출되거나, 아예 모바일용 암호화폐 지갑 안에 있는 브라우저를 이용해 서비스를 이용하는 형태로 사용됩니다. 마지막으로 웹 지갑이 있는데, 최근에는 많이 사용되고 있지 않습니다. 플러그인이나 앱 등을 따로 설치할 필요 없이 웹에서 곧바로 지갑이 연결되는 형태입니다.

소프트웨어 지갑의 가장 큰 장점은 호환성이 높다는 것입니다. 블록체인의 서비스를 이용하려면 보통 해당 서비스가 지원하는 지갑을 연결해야 합니다. 블록체인마다 지원하는 지갑의 종류가 다르기 때문에 새로운 블록체인의 특정 서비스를 이용하기 위해서는 새로운 지갑을 설치해야 할 수도 있습니다.

소프트웨어 지갑의 경우, 브라우저 플러그인처럼 간편하게 설치해 지갑을 설정한 뒤 사용할 수 있어 무척이나 편리합니다. 소프트웨어 지갑 안에 개인 키가 저장되어 있어 서비스에 연결할 때마다 새롭게 키를 입력할 필요가 없습니다. 소프트웨어 지갑의 접근을 막아주는 비밀번호만 입력하면 사용이 가능합니다.

요즘의 소프트웨어 지갑에는 다양한 편의 기능이 포함되어 있습니다. 블록체인과의 거래를 위한 트랜잭션 승인뿐 아니라 거래 내역부터 NFT 관리, 지갑 내에서 직접적으로 자산을 교환할 수 있는 기능까지 내장하고 있죠. 또한 무료로 사용할 수 있다는 엄청난 장점이 있습니다.

물론 소프트웨어 지갑이 장점만 가지고 있는 것은 아닙니다. 우선 소프트웨어 지갑은 사용자의 가장 중요한 개인 키가 저장되어 있어 접근성이 좋다는 장점이 있는데, 그로 인해 컴퓨터에 바이러스나 해킹 소프트웨어가 침투해 소프트웨어 지갑이 손상되면 해당 계정에 있는 자산을 잃을 가능성이 있습니다.

또한 소프트웨어 지갑의 인터넷 통신 데이터가 도청될 경우, 지갑이 해킹될 위험이 존재합니다. 이는 암호화폐 거래를 하는 노트북이나 스마트폰으로 공용 와이파이를 사용하면 안 되는 이유 중 하나입니다.

이뿐만이 아닙니다. 소프트웨어 지갑을 사용하면 프라이버시 문제가 발생할 수도 있습니다. IP 주소가 저장되거나 거래가 추적되면서 사용자가 추적될 수 있는 환경에 노출될 수 있는 위험이 존재합니다.

하드웨어 지갑

하드웨어 지갑은 보안이 중요한 사용자에게 권장되며, 물리적 장치를 사용해 외부 공격으로부터 격리된 상태로 암호화폐를 안전하게 보관합니다. 별개의 하드웨어에 개인 키를 저장해 오프라인 상태로 저장하고 관리하는 방식으로 작동됩니다. 하드웨어 지갑들은 일반적으로 높은 수준의 보안을 제공하며, 특히 암호화폐를 따로 거래하지 않고 장기간 보관하고자 할 때 유용합니다.

하드웨어 지갑의 장점은 개인 키가 인터넷과 연결되지 않고 오프라인으로 보관되기 때문에 오염이 된 기기와 연동되더라도 자산이 안전하게 보관된다는 것입니다. 또한 대부분의 하드웨어 지갑은 USB처럼 작고 가볍게 제작되어 휴대하기가 좋습니다. 이뿐만이 아닙니다. 소프트웨어 지갑은 일반적으로 지원하는 블록체인의 종류가 제한적인 반면, 하드웨어 지갑은 다양한 블록체인을 지원하는 경우가 많습니다.

물론 하드웨어 지갑도 장점만 가지고 있는 것은 아닙니다. 우선 하드웨어 지갑을 장만하기 위해서는 실제로 하드웨어를 구입해야 하기 때문에 비용이 발생합니다. 이때 기기 고장에 대비해 최소 2개 이상 구입할 것을 추천받는 경우가 많은데, 대부분의 지갑 가격이 10만 원 이상으로 책정되어 있습니다. 결코 무시할 수 없는 수준이죠.

또한 하드웨어 지갑은 실제로 USB처럼 생긴 지갑이 있어야 거래를 할 수 있기 때문에 실물 지갑의 보관 및 관리가 무척이나 중요합니다. 지갑을 잃어버리거나 고장이 나면 같은 제조사의 지갑을 이용해 개인 키를 이용해 복구할 수는 있지만, 백업 하드웨어가 없는 경우에는 재주문 등에 걸리는 시간도 고려해야 합니다.

개인지갑 사용 시 주의 사항

개인지갑을 사용하는 것은 지갑에 많은 현금을 넣고 다니는 것, 집에서 금고를 관리하는 것과 비슷합니다. 물론 개인지갑에 몇만 원 정도의 암호화폐만 보관하는 사람도 있지만, 암호화폐 투자를 하면서 초기 투자 자금이 커지면 한 지갑 안에 수억 원의 암호화폐를 보관하는 경우도 발생합니다. 수억 원의 현금이나 수표를 지갑에 넣고 다닌다고 상상해 보세요. 절대 잃어버리면 안 된다는 생각에 마음이 무척이나 불안할 수도 있고, 도난이나 훼손 등의 우려도 존재합니다.

개인지갑의 경우, 개인 키를 분실하면 모든 자금에 대한 컨트롤도 같이 넘어가기 때문에 보안에 특히 신경 써야 합니다. 이 보안은 내 주머니 안에 있는 지갑이나 금고와는 다릅니다. 지금부터 주의 사항을 하나씩 알아봅시다.

개인 키 보관

개인 키는 번호와 암호로만 접근이 가능한 스위스 계좌의 암호와 비슷합니다. 즉, 계좌번호와 암호만 알면 누구라도 접근이 가능하죠. 그렇기 때문에 개인 키를 잃어버리거나 누군가가 접근하면 내 개인지갑에 있는 자금은 더 이상 안전하지 않게 됩니다.

그렇다면 어떤 경우에 개인 키를 잃어버리게 될까요? 보관을 허술하게 할 때입니다. 개인 키를 가장 안전하게 보관하는 방법은 컴퓨터나 휴대폰에 저장하지 않고 종이에 적어 따로 보관하는 것입니다. 물론 종이를 보관하는 것도 주의해야 합니다.

소프트웨어 지갑의 경우, 대부분 개인 키나 시드 문구를 암호화하여 저장하거나 자신만의 방식으로 PC나 휴대폰에 저장합니다. 이때 주의할 점이 있습니다. PC나 휴대폰에 저장할 때 메모장에 저장하거나 자신에게 이메일을 보내 놓아서는 절대 안 됩니다. PC나 휴대폰이 바이러스에 노출되거나 이메일이 해킹되면 개인 키 역시 그대로 노출되기 때문입니다. 만약 불가피하게 개인 키나 시드 키를 PC나 휴대폰에 저장해야 한다면 암호화가 되어 있는 패스워드 관리 프로그램 같은 소프트웨어를 설치해 사용하는 것이 좋습니다.

기기 관리

암호화폐를 사용하는 PC나 휴대폰으로 불법 소프트웨어를 사용하거나 문자 링크를 함부로 클릭해서는 절대 안 됩니다. 개인정보를 탈취하는 바이러스는 물론이고, 암호화폐와 관련된 정보를 빼내 자산을 탈취하려는 어둠의 손을 항상 조심해야 합니다.

사용하는 기기의 보안을 강화하는 또 다른 방법은 다중 인증 방식을 활용하는 것입니다. 특히 암호화폐 거래에 사용하는 기기에는 이중 인증을 설정하여 단순한 비밀번호 외에 추가적인 보안 요소를 도입하는 것이 좋습니다. 예를 들어, 모바일 앱을 통한 OTP(일회용 비밀번호) 생성이나 SMS 인증을 통해 로그인 과정에 추가적인 보안 장치를 마련할 수 있습니다.

또한 암호화폐 거래에 사용하는 기기에는 불필요한 앱이나 소프트웨어를 설치하지 않는 것이 좋습니다. 그러한 프로그램들은 보안 취약점을 가지고 있거나 악성코드가 포함되어 있을 수도 있기 때문이죠. 특히 무료 소프트웨어나 불분명한 출처의 앱은 큰 위험을 수반할 수 있으며, 암호화폐와 관련된 정보를 탈취하는 백도어˙가 될 가능성이 있습니다.

> • 백도어Backdoor
> 시스템이나 소프트웨어에 승인되지 않은 사용자가 몰래 접근할 수 있도록 만든 숨겨진 접근 경로

암호화폐 투자자는 개인정보 보호를 위해 브라우징 행위도 조심해야 합니다. 가능하다면 암호화폐 거래나 개인지갑 접근에 사용하는 브라우저는 일상적인 인터넷 브라우징용과 구분하는 것이 좋습니다. 암호화폐 관련 활동을 할 때만 사용하는 브라우저를 통해 추가적인 보안 계층을 설정할 수 있습니다.

마지막으로 VPN 서비스를 이용하는 것도 한 방법입니다. VPN은 인터넷 연결을 암호화하여 중간에서 데이터를 가로채는 것을 방지해줍니다. 특히 공공 와이파이와 같이 보안이 취약한 네트워크 환경에

서 암호화폐 거래를 할 때 VPN을 사용하면 사용자의 데이터와 개인
정보를 외부로부터 보호할 수 있습니다.

　자신이 사용하는 기기를 관리하는 것은 무척이나 중요합니다. 사
용자가 보안 의식을 가지고 적절한 조치를 취한다면 암호화폐를 비롯
한 개인의 디지털 자산을 안전하게 보호할 수 있을 것입니다.

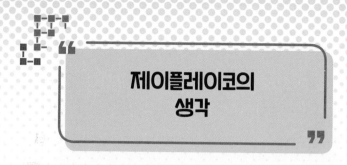
제이플레이코의
생각

초보자에게 가장 편하고 쉬운 방법은 암호화폐를 신뢰할 수 있는 거래소에 보관하는 것입니다. 거래소가 암호화폐와 패스워드만 잘 관리해 주어도 큰 문제없이 사용이 가능하기 때문입니다. 단, 은행도 부실 경영을 하면 파산하듯, 사기업이 운영하는 거래소 역시 문제가 발생하면 더 이상 자신의 자산에 접근하지 못할 수도 있다는 사실을 분명히 알고 있어야 합니다.

또한 매수·매도의 한정적인 투자 방식에서 벗어나고자 하는 투자자라면 자산을 개인지갑으로 이동시킬 때 암호화폐 투자 시드를 크게 늘릴 수 있는 디파이, NFT, IDO, 런치패드 등 다양한 활동이 가능해지기 때문에 반드시 이러한 생태계를 알아둘 필요가 있습니다.

물론 자산을 개인지갑으로 이동시키면 관리의 복잡성과 리스크가 증가합니다. 개인지갑을 사용하면 스스로가 자신의 자산을 완전하게 책임져야 하며, 개인 키의 보안 및 백업, 트랜잭션 확인 등과 같은 관리 작업을 직접 수행해야 합니다. 하지만 이는 투자자가 더욱 통제하기 쉬운 환경을 조성하며, 중앙화된 거래소가 겪을 수 있는 재정적 문제나 해킹의 위험으로부터 자산을 보호할 수 있는 기회를 제공하기도 합니다.

더불어 투자자는 개인지갑을 통해 자산의 실시간 이동과 거래를 직접 관리할 수 있어 시장 변동성에 민감하게 반응하고 즉시 행동을 취할 수 있습니다. 이는 특히 시장이 빠르게 변할 때 큰 이점이 될 수 있습니다.

결국 개인지갑 사용은 투자자에게 보다 풍부하고 활동적인 투자 환경을 제공하며, 암호화폐 시장의 전체적인 잠재력을 최대한 활용할 수 있게 합니다. 이러한 이유로 경험이 많은 투자자들은 장기적인 투자 전략과 자산의 안전을 위해 개인지갑 사용을 선호하고, 보안에 각별히 신경 쓰며 다양한 투자 기회를 적극적으로 활용하고 있습니다.

반감기, 4년마다 돌아오는 슈퍼 사이클

비트코인은 암호화폐 시장에서 가장 높은 시가총액을 유지하며 대장주 역할을 하고 있습니다. 이더리움이 비트코인을 추월하길 원하는 지지자가 많지만 아직까지는 비트코인이 선두 자리를 잘 지키고 있습니다. 비트코인이 우위를 차지하고 있는 것은 부분적으로는 비트코인 설계의 핵심 요소 중 하나인 반감기* 메커니즘 덕분이며, 이는 시장 동향과 가격 변동성에 큰 영향을 미치고 있습니다.

> **・반감기半減期**
> 약 4년마다 비트코인 채굴자에게 주는 보상이 절반으로 줄어드는 시기. 새로운 코인의 공급을 줄여 희소성을 높이는 역할을 한다.

비트코인의 반감기

비트코인은 약 4년마다 발생하는 반감기 이벤트를 통해 채굴 보상이 50%씩 감소하도록 설계되었습니다. 왜 이렇게 설계되었는지는 비트코인을 만든 사토시 나카모토에게 물어봐야 정확히 알 수 있겠지만, 인플레이션*이 발생하는 것을 방지하고 가치를 보존하면서 보상을 조정해 경쟁적인 환경을 만들기 위함이라고 보는 견해가 많습니다.

이러한 메커니즘은 결국 비트코인에 인위적인 희소성을 부여해 금과 같은 유한 자원 추출을 모방하도록 했습니다. 비트코인은 트랜잭션이 한 차례 일어날 때마다 발생하는데, 이를 블록*이라 부릅니다.

> • 인플레이션Inflation
> 통화의 공급 증가로 인해 가격이 상승하는 현상. 비트코인에서의 인플레이션은 채굴을 통해 새로운 비트코인이 생성됨에 따라 발생할 수 있다.
>
> ---------------------
>
> • 블록Block
> 블록체인에서 연결된 거래 기록의 집합. 각 블록은 네트워크에 추가되기 전에 검증 과정을 거친다.

블록당 채굴되는 비트코인은 다음과 같습니다. 비트코인의 한 블록은 대략 10분에 1개씩 발생하고 있습니다.

- 2009~2012년: 채굴자들은 블록당 50개의 비트코인을 받았다.

- 2012~2016년: 첫 번째 반감기 후 블록 보상이 25개로 줄어들었다.

- 2016~2020년: 두 번째 반감기 후 블록 보상이 12.5개로 줄어들었다

- 2020~2024년: 세 번째 반감기 후 블록 보상이 6.25개로 줄어들었다.

- 2024~2028년: 현재는 블록당 3.125개의 비트코인이 발생하고 있다.

이러한 반감기 이벤트는 비트코인의 가격에 중대한 영향을 미쳐왔으며, 지금도 마찬가지입니다. 반감기 이후에는 일반적으로 가격 상승이 관찰되었습니다. 예를 들어, 2012년 첫 반감기 후 2013년 비트코인의 가격은 100달러에서 1000달러로 급등했습니다.

이러한 현상은 2016년과 2020년 반감기 때도 유사하게 나타났습니다. 2024년 반감기는 4월에 발생했는데, 2024년 1월 비트코인 현물 ETF* 승인으로 이전의 반감기와는 조금 다른 패턴으로 가격이 형성되었습니다. 반감기가 되기도 전에 이전 상승장의 최고 가격을 갱신했기 때문이죠. 그럼에도 불구하고 많은 전문가가 비트코인의 반감기가 발생한

> • 비트코인 현물 ETF
> Bitcoin Spot ETF
> 실제 비트코인을 기반으로 한 거래소 거래 펀드(ETF). 비트코인의 가격을 따라간다.

2024년 4월 이후 이전과 마찬가지로 비트코인의 최고가 갱신이 다시 한번 이루어질 것이라 예상하고 있습니다. 2024년 이후 다음 반감기는 2028년 4월입니다.

반감기가 비트코인 가격에 미치는 영향

반감기가 진행될 때마다 발생하는 채굴 보상 감소는 채굴자들에게 더 많은 비트코인을 보유하려는 유인을 제공합니다. 시장에 유통되는 비트코인의 양이 줄면 가격이 상승하는 결과를 초래합니다. 물론 비트코인의 가격이 채굴되는 수량의 변화만으로 상승한다고 보는 것은

어려움이 있지만, 그럼에도 불구하고 비트코인의 가파른 가격 상승은 반감기 몇 개월 후에 더욱 두드러지게 나타났습니다.

투자자들에게 반감기는 비트코인 시장에서 중요한 사이클로 인식되고 있습니다. 비트코인 투자 전략을 세울 때는 이 사이클을 제대로 이해하고 예측해야 합니다. 많은 투자자가 반감기에 따라 포지션을 조정하는데, 그로 인해 시장의 변동성이 증가하기 때문이죠.

물론 비트코인 반감기 때마다 이전 사이클과는 다르게 반응할 것이라는 목소리도 많습니다. 하지만 기본적으로 채굴자들의 수익이 하루아침에 악화되는 반감기 이벤트는 접근 가능한 비트코인의 수량을 줄이므로 투자자들의 행동 변화를 일으키기에 충분한 영향력을 갖고 있다고 보아야 합니다.

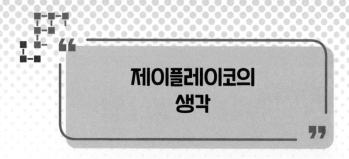

반감기였기 때문에 비트코인의 가격이 올랐고, 그래서 미래의 반감기 때도 가격이 오를 것이라고 단정 짓는 건 어리석은 일입니다. 전체 시장의 상황과 유동성의 차이를 비롯해 비트코인 현물 ETF 승인 등과 같은 이벤트도 가격에 큰 영향을 미치기 때문입니다.

그동안 반감기라는 이벤트가 채굴자들이 채굴하고 매도하는 패턴을 어느 정도 만들어왔던 것은 사실입니다. 일반적으로 채굴자들은 반감기 직후부터 성능이 더 좋은 채굴기가 나오기 전까지는 이익을 보기 어렵습니다. 그렇기 때문에 최소한의 운영을 위한 비용을 제외하고 비트코인을 매도하지 않고 있다가 반감기 후에 공급이 수요를 따라가지 못해 가격이 오르는 상승장에 비트코인을 매도해 자금을 회수하는 패턴을 유지했습니다.

비트코인의 반감기는 약 4년마다 발생하는 것으로 설계되어 수요에 비해 공급이 강제로 줄어드는 생태계가 만들어졌습니다. 평균적으로 봤을 때 해가 거듭하면서 평단가가 상승한 것을 기억하기 바랍니다.

채굴,
아무나 할 수 있나요?

우선 이론적으로 답을 하자면, 누구나 비트코인이나 이더리움 같은 블록체인을 채굴할 수 있습니다. 실제로 비트코인이 처음 채굴된 2009년에는 노트북과 같은 장비를 이용해 간단한 프로그램을 돌리고 블록을 생산하면 50개의 비트코인을 받을 수 있었습니다. 흥미로 비트코인을 채굴해 자신의 하드디스크에 보관해 두었는데, 그 사실을 까맣게 잊고 컴퓨터를 버려 수만 개의 비트코인을 잃어버렸다는 뉴스가 떠돌기도 했죠.

채굴의 두 가지 방법

비트코인은 경쟁적인 작업 증명* 방식으로 채굴됩니다. 경쟁이 없을 때는 노트북으로 간단하게 프로그램을 돌려 채굴하면 되지만, 경쟁이 심해지면 연산 능력이 좋은 하드웨어가 필요합니다. 요즘에는 보다 좋은 하드웨어가 있어야 채굴이 가능하죠.

• 작업 증명
Proof of Work, PoW
복잡한 수학 문제를 풀어 새 블록을 생성하는 과정

비트코인 채굴은 채굴자가 복잡한 수학 문제를 해결해 새로운 블록을 생성하면 이 과정에서 새로운 트랜잭션을 블록체인에 추가하게 되며 이루어집니다. 복잡한 수학 문제를 최대한 빠르게 해결하려면 뛰어난 연산 능력이 필요합니다. 그래서 일반 컴퓨터의 CPU를 이용해 연산하던 것에서 나아가 그래픽카드의 연산 능력을 사용해야 했죠. 이후에는 GPU도 부족해 비트코인 블록체인의 수학 문제를 연산하기 위한 전용 칩셋까지 만들어졌습니다. 이 전용 칩셋을 장착한 고성능 채굴기를 ASIC*라고 부릅니다.

• ASIC
특정 작업 증명 코인을 위한 전용 집적회로 칩셋

이더리움도 초기에는 비트코인과 같이 작업 증명 방식으로 채굴했습니다. 실제로 저 역시 몇 년 전까지만 해도 집에 있는 컴퓨터 PC와 그래픽카드를 이용해 테스트 삼아 이더리움을 채굴했습니다. 문제는 채굴한 이더리움보다 전기료가 더 나와 효율이 좋지 않았다는 것입니다. 바로 이것이 채굴은 누구나 할 수 있지만, 아무나 수익성을 가질 수 없는 이유입니다.

채굴을 하려면 초기 비용과 고정 비용이 필요합니다. 초기 비용은 채굴을 하기 위해 필요한 하드웨어 비용이고, 고정 비용 중 가장 큰

부분을 차지하는 것은 전기료입니다. 비트코인 ASIC를 구입해 운영하는 것이 이론적으로는 가능하나, 우리나라 가정집은 누진세가 적용되기 때문에 채굴되는 비트코인의 수량보다 매월 나가는 전기료가 더 많아 추천하지 않습니다. 대부분의 비트코인 채굴장이 전기를 저렴하게 사용할 수 있는 지역에 집중되어 있는 이유죠.

또한 ASIC에는 엄청난 소음을 일으키는 팬이 달려 있습니다. 저 역시 ASIC를 사용하다 비행기가 뜬 것과 같은 엄청난 소음에 10분 만에 포기한 경험이 있습니다. 이러한 환경 때문에 우리나라의 가정집에서는 비트코인 채굴기를 돌리는 것이 사실상 불가능합니다.

이더리움은 비트코인과 같이 복잡한 수학 문제를 풀어야 하는 작업 증명 방식으로 시작했다가 이후에는 지분 증명* 방식으로 전환되었습니다. 이를 '이더리움 2.0'이라 부릅니다.

지분 증명 방식은 채굴자 대신 검증자*가 트랜잭션을 검증하고 새로운 블록을 생성하는 방식입니다. 작업 증명 방식은 수학 문제를 먼저 푼 사람에게 코인이 지급되는 반면, 지분 증명 방식은 채굴을 위해 보유한 코인의 양과 기간 등에 따라 지급이 됩니다. 연산 능력이 뛰어난 하드웨어가 필요하지 않고, 일

· 지분 증명
  Proof of Stake, PoS
  보유한 코인의 양에 따라 블록 생성 및 검증에 참여하는 방식
  - - - - - - - - - - - - - -
· 검증자Validator
  지분 증명이나 위임 증명에서 새로운 블록을 생성하고 검증하는 역할을 하는 참여자

정량의 코인을 네트워크에 예치해야 채굴이 가능합니다.

에너지 효율적이고, 초기 투자를 위해서는 필요한 만큼의 코인을 보유해야 한다는 특징이 있지만, 코인 부자가 더 많은 영향력을 행사

할 수 있다는 비판의 목소리도 있습니다.

마지막으로, 위임 증명˙ 방식이라는
것이 있습니다. 하드웨어를 대신 운영해
주는 검증자를 선택해 자신의 코인을 위

임해 주고 채굴을 하는 방식입니다. 대표적인 블록체인으로는 트론과
약간의 변형된 형태를 사용하는 솔라나 같은 곳이 있습니다. 개인지
갑을 통해 비교적 쉽게 접근이 가능하기 때문에 일반 투자자들이 장
기 투자를 할 때 사용하면 코인의 수량을 쉽게 늘릴 수 있습니다.

개인 채굴의 한계와 가능성

암호화폐 채굴은 블록체인의 보안과 트랜잭션 검증을 위해 필수적
인 활동입니다. 또한 채굴자들에게는 검증 및 블록 생성의 보상으로
해당 블록체인의 암호화폐가 주어집니다. 하지만 기업의 형태가 아닌
개인이 직접 채굴을 하고자 하는 경우에는 앞서 알아본 것처럼 한계
가 있습니다. 그래서 현실적으로는, 특히 작업 증명 방식으로 채굴되
는 코인의 경우에는 채굴보다는 분할 매수를 통한 매집이 훨씬 이익
이 되는 경우가 많습니다.

또한 전기를 저렴하게 공급받는다 해도 채굴기를 안정적으로 운영
하고 관리하는 데 들어가는 비용과 고정 비용보다 높은 수익을 내야
하는 부담이 있어 사업을 운영하는 느낌으로 접근해야 합니다.

지분 증명 방식이나 위임 증명 방식의 경우, 블록체인의 특성에 따라 소액으로 참여하거나 하드웨어를 대신 운용해 주는 서비스 등을 이용한다면 자산의 크기에 상관없이 꾸준한 수익을 만들 수 있다는 장점이 있습니다.

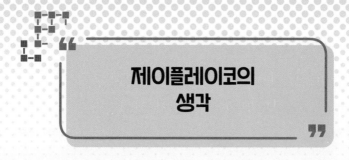

비트코인과 같은 작업 증명 방식의 코인을 직접 채굴하거나 위탁해 채굴해

주는 서비스 등은 해외에 채굴장을 만들어 운영할 것이 아니라면 추천하지 않

습니다. 채굴되는 비트코인 수량과 관리 리스크 등을 고려한다면 거래소에서

비트코인을 매수해 매집하는 것이 수익성 면에서 안정적이기 때문입니다.

하지만 지분 증명 방식의 코인이나 위임 증명 방식의 코인은 다릅니다. 만약

해당 자산에 대한 수량을 꾸준하게 늘리고 싶다면 직접 채굴이 좋은 대안입니

다. 일부 거래소에서는 이더리움 같은 주요 코인에 대한 채굴을 서비스로 지원

하기도 합니다. 이러한 서비스를 스테이킹*이라고 부르는데, 거래소에 코인을

예치하면 대신 관리하고 채굴해 주는 서비스입

니다. 이러한 서비스를 지원하는 이유는 거래소

나 해당 프로젝트에서 스테이킹에 따른 수익 중

> • 스테이킹Staking
> 코인을 네트워크에 예치
> 하고 보상을 받는 과정

일부를 수수료로 청구하기 때문입니다.

제 지인은 수십 개의 이더리움 코인을 고점에 매수해 거래소에 보관하고 있

었는데, 거래소에서 스테이킹 서비스를 지원한다는 사실을 알지 못해 수개월

간 그냥 방치해 두었습니다. 하지만 지금은 서비스를 이용하고 있죠. 이더리움으로 이자를 받으면서 수량을 조금씩 늘리고 있으며, 매도 시점을 기다리고 있습니다.

작업 증명 방식의 채굴은 기존에 이미 거래되고 있는 비트코인과 같은 경우, 높은 전기료 때문에라도 한국에서는 수익성이 없습니다. 그래서 지금은 전기와 하드웨어를 이용한 개인 채굴의 시대는 지나갔다고 봐야 합니다. 하지만 지분 증명 방식으로 진행하는 스테이킹은 특히 장기 투자를 하고자 할 때 지속적이고 안정적으로 코인의 수량을 늘릴 수 있는 투자 방법이라는 것을 기억할 필요가 있습니다.

웹 3.0, 중앙에서 개인으로 힘이 이동한다

블록체인과 관련된 용어를 처음 접하면 난해하고 어렵게 느껴집니다. 블록체인과 암호화폐가 좀 더 대중화되지 않은 데는 어렵고 복잡한 용어도 한몫했다고 생각합니다. 그렇기 때문에 웹 3.0*은 블록체인 생태계에서 매우 중요한 용어 중 하나입니다.

> • 웹 3.0Web 3.0
> 블록체인 기술을 기반으로 한 탈중앙화된 인터넷의 발전 단계를 나타내는 용어. 개인이 데이터와 콘텐츠에 대한 소유와 수익을 보다 직접적으로 관리할 수 있는 환경을 제공한다.

기업이 운영하고 사용자가 참여하는 웹 2.0

많은 사람이 웹 2.0이라는 용어를 들어보았을 것입니다. 웹 1.0이 정확히 무엇인지 몰라도 웹 2.0은 좀 더 세련되고 좋다는 느낌이 들지 않나요? 우리가 인스타그램이나 유튜브 등을 웹 2.0 기업이라고 생각하는 것도 이 용어가 주는 친근함의 위력입니다.

웹 3.0에 대한 정확한 정의는 전문가마다 조금씩 차이가 있지만, 블록체인과 연관이 있으면서 탈중앙화되었다는 것에는 모두 동의합니다. 즉, 블록체인과 블록체인의 프로젝트들이 인터넷 다음 단계로 발전하는 웹 3.0을 대표한다고 생각하면 됩니다.

▎ 웹 1.0부터 웹 3.0까지의 변천사

개인의 자율성과 수익이 훨씬 커진 웹 3.0

웹 2.0의 가장 직관적인 특징 중 하나는 기업이 플랫폼을 직접 운영하고 데이터를 소유한다는 것입니다. 또한 사용자는 광고를 시청하면서 플랫폼의 주요 고객이 됩니다. 그로 인해 플랫폼은 수익을 얻죠. 구글의 검색엔진, 인스타그램의 일상 공유 등은 기업이 운영하지만, 데이터를 제공하는 것은 사용자입니다. 그리고 돈은 플랫폼이 법니다. 물론 유튜브처럼 데이터, 즉 콘텐츠를 제공하는 사용자들에게 수익의 일부를 돌려주는 비즈니스 형태도 있지만, 대부분의 웹 2.0 기업은 사용자나 데이터 제공자에게 수익을 돌려주지 않습니다. 서비스를 제공하는 플랫폼 입장에서는 데이터를 저장하고 운영하는 비용을 사용자에게 청구하는 대신, 광고 수입을 통해 운영하는 비즈니스를 만드는 것입니다.

웹 3.0을 이해하고 싶다면 암호화폐 거래소를 생각하면 됩니다. 중앙화* 된 암호화폐 거래소도 블록체인 기술을 활용하지만 실질적으로 운영되는 것은

> • 중앙화Centralization
> 데이터나 권한이 한 개체나 그룹에 집중되어 있는 상태. 일반적으로 중앙 집중식 서비스는 중개자를 필요로 한다.

장부상 거래로 제공되기 때문에 웹 2.0 기업처럼 운영됩니다. 즉, 사용자들은 거래소를 이용하는 대신 수수료를 지불하고, 해당 수수료는 플랫폼 운영자가 가져가는 형태입니다. 탈중앙화 거래소의 경우, 거래 자체가 블록체인에서 이루어지기 때문에 운영자는 일반적인 중앙화 거래소보다 운영 비용을 크게 줄일 수 있습니다.

또한 거래에 대한 수수료도 플랫폼이 아닌 유동성을 공급하는 유동성 공급자가 대부분 가져가는 형태입니다. 중앙화된 암호화폐 거래소는 플랫폼 수익 대부분을 운영자가 가져간다면, 탈중앙화된 암호화

폐 거래소는 유동성 공급자들이 가져갈 수 있도록 설계되어 있는 경우가 많습니다. 유동성을 제공하는 개인들에게 수수료를 충분히 배분해 주지 않으면 유동성을 제공해 줄 이유가 없기 때문입니다.

한국 암호화폐 거래소와 거래하며 유동성을 제공할 때 플랫폼의 수수료 수익을 얻는 것은 매우 어렵지만, 탈중앙화 거래소에 원하는 만큼 유동성을 제공하고 정해진 비율에 따라 플랫폼의 거래 수수료를 받는 것이 웹 2.0과 웹 3.0의 가장 큰 차이점입니다.

웹 2.0에서 개인이 플랫폼을 통해 수익을 얻을 수 있는 가장 대표적인 곳은 유튜브입니다. 좋은 콘텐츠로 알고리즘 혜택을 잘 받아 많은 구독자를 모으면 직장인이 부러워할 만한 수익을 얻을 수도 있습니다. 하지만 유의미한 수익을 낼 정도의 인플루언서가 되기까지는 많은 노력과 시간이 투자되어야 하며, 플랫폼 운영자의 정책에 맞지 않은 행동을 할 경우 하루아침에 수익처를 잃게 될 수도 있습니다. 한국에서 철수한 트위치가 대표적인 예입니다.

하지만 웹 3.0에서는 개인이 자신의 콘텐츠나 데이터에 대한 소유권을 직접 가지고, 이를 기반으로 탈중앙화된 플랫폼에 자율적으로 참여하여 수익을 창출할 수 있습니다.

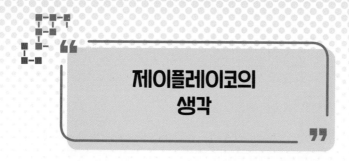

제이플레이코의
생각

유튜브는 플랫폼에 제공하는 콘텐츠를 바탕으로 수익 중 일부를 공유하는 형태입니다. X(구 '트위터')의 경우도 유료 계정을 활용하고 일정 조건을 충족하면 광고 수익의 일부를 공유하기 시작했습니다. 블로그 등에 광고를 노출해 주면 어느 정도의 돈을 지급하는 방법 역시 많은 사람의 관심을 받았죠.

하지만 웹 3.0 시대가 도래하며 그동안 우리가 매일매일 사용했던 서비스들도 플랫폼 중심의 수익화가 아닌 개인 중심의 수익화가 이루어지는 기반이 만들어지고 있습니다. 게임을 하면서 수익을 얻거나 암호화폐 예치, 대출 등을 통해 개인이 직접 수익을 창출할 수 있는 방법이 점점 늘어나고 있습니다.

블록체인 기술을 활용하고, 개인에게 데이터와 콘텐츠, 그리고 수익을 가져갈 수 있는 권한을 주는 서비스가 많아지고 있는 상황을 지켜보면서 우리는 돈을 버는 방식이 변한다는 것을 예측할 수 있습니다.

게임을 예로 들어볼까요? 지금까지는 게임을 할 때 아이템을 거래하려면 게임 내에서만 가능했습니다. 하지만 웹 3.0 게임의 경우 블록체인을 이용하면 게임 내 아이템을 게임 밖에서도 자유롭게 거래할 수 있습니다. 이를 통해 새로운 게임 경제가 만들어질 수도 있습니다. 웹 3.0상에서는 이러한 가능성을 바탕으로 다양한 시나리오가 나오고 있으며, 앞으로도 새롭고 혁신적인 서비스들이 나올 것이라 예상됩니다.

인터넷이 처음 등장했을 때 아무런 비용을 들이지 않고 단 몇 초 만에 지구 반대편으로 이메일을 보내는 것을 엄청난 혁신이라고 생각했습니다. 그 당시에는 스마트폰을 이용해 돈을 주고받으며 온라인 거래를 할 수 있을 것이라고는 상상조차 하지 못했죠. 만약 그때 누군가가 개인이 직접 동영상을 촬영해 다른 사람들에게 선보여 돈을 버는 유튜버와 같은 직업군이 탄생할 것이라고 말했다면 모두 이상한 눈빛으로 바라보았을 것입니다.

웹 2.0이 사용자들에게 자신들의 데이터를 공유해 줄 수 있는 플랫폼을 만들어주었다면, 웹 3.0은 데이터 공유뿐 아니라 데이터에 대한 소유까지 가능하게 해줍니다. 돈을 벌 수 있는 방식이 바뀌는 것이죠.

NFT,
전 세계 온리원의 힘

암호화폐 투자를 하면 'NFT'라는 용어를 접하게 됩니다. 발음하기도 쉽지 않고 전문 용어처럼 보여 거리감이 느껴진다고 이야기하는 사람이 많습니다.

NFT는 'Non-Fungible Token'의 약자로, '대체 불가능한 토큰'이라는 뜻입니다. 대체 불가능한 토큰이 있다면 대체 가능한 토큰도 있겠죠? 우리가 보통 암호화폐 하면 떠올리는 비트코인이나 이더리움이 대체 가능한 토큰입니다. 투자자 A가 가지고 있는 1 이더리움과 투자자 B가 가지고 있는 1 이더리움의 가치가 똑같고 언제라도 대체 가능하기 때문입니다.

같은 의미로 우리가 사용하는 현금도 대체 가능합니다. 투자자 A와 투자자 B가 각각 통장에 1만 원을 가지고 있다고 생각해 봅시다. 이 돈을 서로에게 송금하더라도 최종적으로 통장에 소유한 1만 원은 같은 가치를 가지며 대체가 가능합니다.

그렇다면 대체 불가능한 토큰은 무엇과 비교할 수 있을까요? 자, 여기 A4 용지 2장이 있습니다. 이 중 한 장에는 아무것도 그려져 있지 않고, 나머지 한 장에는 그림이 하나 그려져 있습니다. 이때 많은 사람이 그림이 그려진 A4 용지는 아무것도 그려져 있지 않은 A4 용지보다 가치가 떨어질 거라고 생각할 것입니다. 그림이 그려져 있기 때문에 더 이상 쓸모가 없다고 생각하는 것이죠.

그런데 그림이 그려진 A4 용지를 감정했더니 유명 화가 파블로 피카소(Pablo Picasso)가 그린 그림이라는 결론이 났다면 어떨까요? 순식간에 가치가 변할 것입니다. 가격은 상상 이상으로 뛰어오를 테지요. 자, 이제 대체 불가능성*이라는 뜻의 의미가 이해가 되나요?

> • 대체 불가능성
> Non-Fungibility
> 어떠한 자산이 다른 자산으로 대체될 수 없는 특성. 특정 예술 작품, 한정판 게임 아이템 등이 이에 해당한다.

소유권과 희소성을 지니는 NFT

그렇다면 NFT는 왜 특별한 걸까요? 우선 NFT는 디지털화된 것에 대체 불가능성을 부여할 수 있습니다. 예를 들어, 스마트폰으로 사진을 찍으면 스마트폰에 원본이 저장됩니다. 만약 스마트폰에서 PC로 사진을 복사하면 스마트폰에 원본이 남고 PC에 복사본이 생기죠. 이 사진을 인터넷에 올리고 다른 사람들이 다운로드 받으면 스마트폰에 원본이 남아 있으나 복사본이 수없이 많이 생기게 됩니다. 온라인상으로는 어떤 사진이 원본인지 확인하는 것이 사실상 불가능합니다.

NFT는 이러한 사진과 함께 블록체인에 대한 소유 정보를 저장해 디지털 사진임에도 불구하고 대체 불가능성을 부여할 수 있습니다. 즉, NFT라는 기술의 등장으로 처음으로 디지털 파일에 대한 대체 불가능성을 보장해 줄 수 있게 되었습니다.

이러한 디지털 대체 불가능성은 창작물의 고유성과 소유권*을 보호하는 새로운 방법을 제공합니다. 예를 들어, 디지털 아티스트가 그린 그림을 NFT로 등록하면 해당 그림은 고유의 소유권 정보와 함께 블록체인에 기록됩니다. 그로 인해 작품이 무수히 복제*되더라도 원본 NFT는 단 한 사람만이 소유할 수 있습니다. 이것이 바로 NFT가 디지털 예술* 시장에서 큰 인기를 끌고 있는 이유 중 하나입니다.

NFT의 대체 불가능성은 예술 작품에만 국한되지 않습니다. 게임 아이템, 가상 부동산*, 심지어 음악 트랙과 같은 디지털 자산도 NFT로 변환해 거래할 수 있습니다. 이러한 자산들이 NFT로 전환되어 사용자들은 실제 세계에서와 같이 디지털

• 소유권Ownership
자산에 대한 법적 권리와 통제. NFT는 블록체인에 소유권 정보를 기록하여 디지털 자산의 소유권을 명확히 한다.

• 복제Replication
원본을 동일하게 복사하는 행위. 디지털 파일은 쉽게 복제될 수 있지만, NFT는 원본의 고유성을 유지한다.

• 디지털 예술Digital Art
디지털 매체를 통해 창작된 예술 작품. NFT를 통해 고유성과 소유권을 부여받을 수 있다.

• 가상 부동산
  Virtual Real Estate
디지털 세계에서 NFT로 거래할 수 있는 가상의 토지나 건물

세계 내에서도 소유권과 희소성*을 경험할 수 있습니다. 예를 들어, 가상 세계에서 한정판 게임 아이템을 소유하는 것이 가능하며, 이는 해당 아이템의 가치를 증가시킬 수 있습니다.

* 희소성Scarcity
자산이 제한된 양만 존재하는 특성. NFT는 디지털 자산에 희소성을 부여하여 가치를 높인다.

또한 NFT 기술은 창작자에게 직접적인 수익 창출 기회를 제공합니다. 전통적인 디지털 판매 방식에서는 복제와 무단 배포로 창작자들이 제대로 된 수익을 얻기 어려웠습니다. 하지만 NFT를 통해 작품을 판매하면 창작자는 초기 판매뿐 아니라 해당 작품의 후속 거래에서도 지속적으로 로열티*를 받을 수 있는 구조를 설정할 수 있습니다. 이는 창작자들이 자신의 작품으로 지속적인 가치를 창출하고, 더욱 독립적으로 활동할 수 있는 환경을 조성해 줍니다.

* 로열티Royalty
작품의 후속 거래에서 창작자가 지속적으로 받는 수익. NFT는 창작자에게 이러한 로열티를 자동으로 지급할 수 있는 구조를 제공한다.

* 거래 기록Transaction Record
블록체인에 저장된 모든 거래 내역. 변경할 수 없고 검증이 가능하다. 이는 소유권 분쟁을 줄이는 데 큰 도움이 된다.

이뿐만이 아닙니다. NFT는 소유권 증명의 투명성을 보장합니다. 블록체인 기술을 사용하면 모든 거래 기록*을 변경할 수 없고 검증이 가능해 소유권 분쟁 가능성을 크게 줄일 수 있습니다. 이는 특히 법적으로 복잡하거나 분쟁이 잦은 분야에서 매우 유용합니다.

이처럼 NFT는 단순히 새로운 형태의 디지털 자산이 아니라, 디지털 세계에서의 소유와 권리를 재정의하는 중요한 기술적 발전입니다.

그것이 제공하는 독특한 가치와 기능은 앞으로도 다양한 분야에서 새로운 활용 사례를 창출할 것으로 기대됩니다.

디파이, 코인으로 돌아가는
개인들의 생태계

디파이, 즉 DeFi는 'Decentralized Finance'의 약자로, 탈중앙화된 금융 생태계를 뜻합니다. 금융 거래를 생각해 봅시다. 직접 현금을 건네 거래를 하는 경우가 아니라면 무조건 제3자를 통해야 합니다. 예를 들어, 신용카드로 물건을 구입하려고 하면 신용카드 회사는 네크워크를 통해 나의 한도를 확인하고 판매자에게 거래를 승인해 줍니다. 만약 신용카드 회사가 어떠한 이유로 나의 신용카드를 막아두거나 거래 승인을 해주지 않으면 물건을 구입할 수 없습니다.

우리가 돈을 보관하는 은행의 경우도 마찬가지입니다. 예를 들어, 누군가가 내 통장에 보이스피싱에 사용된 자금을 입금시키면 은행은 내 모든 계좌를 동결시킵니다. 이는 보이스피싱에 사용된 자금을 빠르게 동결시키기 위한 것이지만, 만약 내가 보이스피싱과 전혀 상관없이 입금을 받은 것이라면 답답한 상황이 발생하게 됩니다. 자금

이체도, 출금도 할 수 없죠. 제3자가 운영하는 금융 네크워크에 더 이상 접근할 수 없다는 것은 경제 활동이 불가능해진다는 뜻이기도 합니다.

숨 쉬는 것처럼 너무나 당연하게 느껴지는 금융 생활은 무언가에 의해 통제될 수 있는 위험을 내포하고 있습니다. 이러한 제한된 금융 환경에서 탈출하려는 욕구가 디파이, 즉 탈중앙화 금융의 등장을 촉발시켰습니다. 디파이는 블록체인 기술을 활용하여 전통적인 금융기관 없이도 금융 서비스를 제공할 수 있는 플랫폼을 만들어냈습니다. 이는 사용자들이 직접 거래를 주관하고 자산을 관리할 수 있는 가능성을 열어주었죠.

스마트 컨트랙트로 이루어지는 개인 간 거래

디파이는 예금, 대출, 거래, 투자 등 다양한 금융 서비스를 제공하는 스마트 컨트랙트를 기반으로 운영됩니다. 이 스마트 컨트랙트는 자동화된 계약이며, 복잡한 금융 거래를 코드로 실행하여 거래가 공정하고 투명하게 이루어지도록 보장합니다. 예를 들어, 디파이 플랫폼에서는 사용자가 암호화폐를 담보*로 대출을 받거나, 다른 투자자에게 대출을 해줄 수 있습니다. 또한 복잡한 파생상품 거래나 자동화된 마켓 메이

> • 담보Collateral
> 대출을 받을 때 제공하는 보증 자산. 디파이에서는 암호화폐를 담보로 사용하여 대출을 받을 수 있다.

커°를 통한 유동성°을 제공합니다.

이러한 시스템은 중앙화된 금융 시스템에서 발생할 수 있는 신용 리스크°나 운영 리스크°를 크게 감소시킵니다. 디파이에서 이루어진 거래는 블록체인에 기록되어 공개적으로 검증 가능하며, 이는 부정 행위나 금융 사기°를 줄이는 데도 도움을 줍니다. 뿐만 아니라 인터넷 접속이 가능하다면 전 세계 어디에서든 누구나 디파이 서비스를 이용할 수 있습니다. 이는 은행 계좌를 개설할 수 없거나 금융 서비스에 접근하기 어려운 사람들에게 큰 이점을 제공합니다.

디파이 생태계의 성장은 기존 금융 시스템에서는 경험할 수 없는 새로운 금융 상품과 서비스의 혁신을 가능하게 합니다. 이는 개인의 금융 자율성°을 강화하고, 전 세계 금융시장의 민주화를 추진하는 역할을 합니다.

물론 디파이가 긍정적인 면만 가지고 있는 것은 아닙니다. 디파이는 아직 초기 단계이며, 기술

- 마켓 메이커Market Maker
거래 시장에서 유동성을 제공하는 역할을 하는 참여자. 디파이 플랫폼에서는 자동화된 마켓 메이커가 이를 담당한다.

- 유동성Liquidity
자산을 빠르고 쉽게 현금화할 수 있는 정도. 디파이에서는 유동성 공급자들이 이를 지원한다.

- 신용 리스크Credit Risk
대출자가 대출금을 상환하지 못할 위험. 디파이에서는 스마트 컨트랙트를 통해 이를 줄일 수 있다.

- 운영 리스크Operational Risk
운영상의 문제로 인해 발생할 수 있는 손실 위험. 디파이에서는 분산된 네트워크로 이를 감소시킨다.

- 금융 사기Financial Fraud
부정한 방법으로 이득을 취하는 행위. 디파이에서는 블록체인에 거래 기록이 남아 이러한 위험을 줄일 수 있다.

- 금융 자율성Financial Autonomy
개인이 금융 자산과 거래를 직접 관리할 수 있는 능력. 디파이는 이를 통해 개인의 자율성을 강화한다.

적 오류나 보안 문제가 발생할 수도 있습니다. 따라서 투자자는 디파이를 이용한 투자를 하기 전에 충분한 정보를 수집하고, 리스크를 이해해야 합니다. 디파이가 가져올 장기적인 변화와 그에 따른 영향은 예측하기 어렵지만, 분명한 것은 전통적인 금융의 한계를 넘어서려는 새로운 금융 모델이라는 사실입니다.

제이플레이코의
생각

한국 암호화폐 거래소에서 매수·매도만 할 때는 코인의 가격이 오르고 내리는 것에 따른 거래만 가능했습니다. 하락장*으로 접어들면 최대한 빨리 현금화하고 다시 상승장*으로 전환되기만을 기다릴 수밖에 없었습니다. 하락장 때는 디파이 생태계에도 유동성이 부족해 투자가 쉽지 않은 것은 마찬가지입니다. 하지만 장기적으로 투자할 코인을 이용해 꾸준하게 추가적인 수익을 만들 수 있기 때문에 대응 가능한 전략들이 훨씬 다양해진다는 장점이 있습니다. 하락장 때 대응 전략에 대해서는 Chpater 4의 '직접 매매 말고 다른 투자 방법은 없을까?'에서 더욱 자세히 알아보겠습니다.

• 하락장Bear Market
자산 가격이 지속적으로 하락하는 시장 상태. 디파이에서 유동성 부족과 투자 어려움이 발생할 수 있다. 베어장이라고도 한다.
- -
• 상승장Bull Market
자산 가격이 지속적으로 상승하는 시장 상태. 디파이에서도 투자 전략이 다양해질 수 있다. 불장이라고도 한다.

CBDC, 국가가 힘을
돌려받기 원하다

CBDC*는 중앙은행이 직접 발행하고 관리하는 디지털 형태의 화폐를 말합니다. 이는 전통적인 은행 시스템에서의 전자화폐와 다릅니다. 중앙은행이 직접적으로 발행 권한을 갖고, 통화의 안정성과 규제를 직접 관리할 수 있는 구조입니다. CBDC는 기존의 명목화폐*와 유사하게 법정화폐의 역할을 수행하지만, 모든 거래가 디지털 형태로 이루어집니다.

CBDC의 도입 목적 중 하나는 현금 없는 사회*로의 전환을 용이하게 하는

> **• CBDC**
> Central Bank Digital Currency
> 중앙은행이 직접 발행하고 관리하는 디지털 형태의 화폐. 기존의 명목화폐와 유사하지만 모든 거래가 디지털 형태로 이루어진다.
>
> --------------------------
>
> **• 명목화폐Nominal Money**
> 실제 가치를 지닌 자산이 아닌, 정부가 가치를 인정한 화폐. 법정화폐와 동일한 개념이다.
>
> --------------------------
>
> **• 현금 없는 사회**
> Cashless Society
> 현금이 아닌 디지털 결제가 주로 이루어지는 사회. CBDC 도입을 통해 이러한 사회로의 전환을 촉진할 수 있다.

것입니다. 현금 사용률이 점점 줄어드는 사회에서는 기존 은행들이 직면할 수 있는 변화가 많습니다. 예를 들어, 현재 은행들은 지급준비율*을 기반으로 대출을 통해 화폐를 창출할 수 있지만, CBDC가 도입되면 이러한 체계가 변화할 수 있습니다. CBDC는 중앙은행이 제공하는 디지털 지갑*을 통해 관리되기 때문에 기존 은행 예금과 다르게 개인이 직접 중앙은행과 거래할 수 있는 방식을 제공합니다. 그로 인해 은행이 예금을 유치하고 대출을 통해 수익을 창출하는 전통적인 방식에 변화가 생길 수도 있습니다.

> • 지급준비율
>   Reserve Requirement
> 은행이 고객의 예금 중 일정 비율을 중앙은행에 예치해야 한다는 규정. CBDC 도입 시 이 체계에 변화가 있을 수 있다.
>
> ------------------------------
>
> • 디지털 지갑Digital Wallet
> 디지털화폐를 저장하고 관리할 수 있는 전자 장치나 소프트웨어. 중앙은행이 제공하는 디지털 지갑을 통해 CBDC를 관리할 수 있다.

CBDC는 기술적으로 일부 블록체인 기술을 활용하여 구현되며, 이는 거래의 투명성과 보안을 강화할 수 있습니다. 그러나 중앙은행이 모든 거래를 추적할 수 있어 개인정보 보호와 익명성에 대한 우려도 있습니다. 일부 국가에서는 이러한 기술적 문제를 해결하기 위해 기존 은행 체계와 CBDC를 통합하여 두 단계의 자금 유통 구조를 유지하고 있습니다. 이는 중앙은행이 직접 국민에게 자금을 지급하기보다는 기존 은행을 통해 자금이 유통되도록 하여 기존 금융 시스템의 안정성을 유지하려는 전략입니다.

국가들이 CBDC에 관심을 갖게 된 이유

국가들이 CBDC에 관심을 갖게 된 주된 이유는 무엇일까요? 여러 가지 이유가 있겠지만, 그중 하나로 메타(구 '페이스북')의 스테이블코인 프로젝트인 리브라를 꼽을 수 있습니다. 리브라는 민간 기업이 기술적으로 신속하게 국제적인 스테이블코인을 발행할 수 있다는 것을 입증했습니다. 이는 새로운 화폐 발행을 국가나 중앙은행이 아닌 민간 기업이 컨트롤한다는 뜻이죠. 그런데 이는 현재 통화 발행을 컨트롤하는 각국 중앙은행의 영향력을 심각하게 훼손할 수 있다는 문제를 가지고 있습니다.

그로 인해 미국 등 주요 국가들은 기존 금융 시스템을 보호하기 위해 전방위적 방어 태세를 갖추고, 리브라와 같은 프로젝트에 제재를 가하기 시작했습니다. 금본위제 폐지 같은 큰 정책 변화를 주도한 경험이 있는 미국은 스테이블코인이 명목화폐로 전환될 수도 있는 가능성을 두려워했습니다. 이것이 성공한다면, 통화 질서가 국가에서 민간 기업으로 이전될 수 있기 때문이죠.

비트코인 같은 탈중앙화된 암호화폐는 특정 단체의 영향력하에 자유롭게 운영됨으로써 명목화폐나 가치 저장 수단의 대안으로 여겨지고 기존 금융 시스템과 공존할 수 있다는 기대를 안고 있습니다. 하지만 메타와 같이 전 세계에 잠재적 사용자를 보유한 민간 기업이 운영하는 스테이블코인은 언제든지 담보형 통화에서 명목화폐로의 전환이 가능하다는 위험을 내포하고 있으며, 이러한 변화를 각 국가가 보고만 있지 않을 것이라는 점이 확인되었습니다.

이와 같은 민간 기업의 통화 창출 능력과 그로 인한 영향력 확대는 각 국가로 하여금 자체 CBDC 개발과 도입을 서두르게 만들었습니다. 이는 국가들이 자국의 통화 주권을 유지하고 글로벌 금융 시스템 내에서의 경쟁력을 강화하려는 전략적 선택이기도 합니다.

중국의 CBDC 국제화 가능성

현재 각 국가는 CBDC 도입을 위한 준비를 하나하나 해나가고 있습니다. 그중에서도 중국은 자국의 중앙은행 디지털 통화의 신속한 도입과 확산에 있어 선도적인 역할을 하고 있습니다. 이러한 진전은 중국이 신용카드에서 QR 코드 결제* 시스템으로 넘어간 과거의 금융 혁신 경험에서 비롯되었다고 볼 수도 있습니다. 이번 CBDC 도입 역시 이러한 경험을 바탕으로 미국 달러의 기축통화 지위에 도전하려는 의도가 일부 반영된 것으로 보입니다.

• QR 코드 결제
  QR Code Payment
  QR 코드를 스캔하여 결제를 진행하는 방식. 중국에서 널리 사용되고 있다.

중국의 CBDC는 '2단계 시스템'으로 설계되어 있습니다. 이 시스템은 중앙은행이 CBDC를 직접 발행하고, 이를 국내 은행들이 고객에게 배포하는 구조입니다. 해외 사용자가 중국의 CBDC를 이용하려면 중국의 은행 계좌가 필요하고, 중국의 은행이 해외 지점을 통해

CBDC를 제공해야 합니다. 중국의 중앙은행은 해외에서의 CBDC 사용을 정치적 필요에 따라 제한하거나 조정할 수 있는 중앙화된 통제* 능력을 가지고 있습니다. 이는 해외에서 CBDC를 사용할 때 중요한 고려 사항으로, 이와 같은 통제는 국제적인 신뢰를 저하시킬 수도 있습니다.

> **· 중앙화된 통제**
> Centralized Control
> 중앙 기관이 모든 거래와 활동을 관리하고 통제하는 방식. CBDC의 경우 중앙은행이 이를 수행한다.

국제 시장에서 미국 달러 같은 기축통화를 대체하기 위해서는 국제적으로 안정적이고 신뢰할 수 있는 통화가 필요합니다. 기술적으로는 CBDC의 해외 확장이 가능할지라도, 실제로 국제 기축통화로서 기능하기 위해서는 중국 중앙은행에 대한 광범위한 신뢰 구축이 필수입니다. 현재로서는 미국 달러를 대체할 만큼의 신뢰도가 구축되기까지 어려움이 예상되며, 이는 CBDC의 국제적 통용을 제한하는 주요 요인으로 작용합니다.

결론적으로, 중국의 CBDC가 자국 내에서 빠르게 적용되고 확산되고 있음에도 불구하고, 국제적으로는 여러 정치적·신뢰적 장벽으로 확장이 쉽지 않은 상황입니다. 이러한 상황은 중국이 글로벌 금융시장에서 더 큰 영향력을 발휘하기 위한 노력에도 불구하고 달러의 지위를 쉽게 넘보기 어렵다는 것을 시사합니다.

제이플레이코의
생각

전 세계 중앙은행의 약 90%가 CBDC 도입을 위한 준비, 또는 구현 단계에 있습니다. 이는 곧 중앙은행의 디지털 지갑을 사용할 날이 머지않았음을 시사합니다. CBDC의 도입은 결제 시스템의 현대화와 금융 포용성° 향상 등 여러 이점을 제공할 것으로 기대됩니다. 그러나 그와 동시에 개인정보 침해 가능성과 같은 프라이버시 관련 우려가 있어 그에 대한 법적 및 기술적 대비가 필요합니다. CBDC는 금융 시스템의 효율성을 높이고, 전통적인 은행 업무에 대한 의존도를 줄일 수 있는 중요한 변화를 가져올 것입니다.

암호화폐 생태계는 CBDC의 도입과 함께 규제 환경° 강화와 경쟁 환경이 만들어질 것으로 예상됩니다. 특히 결제 수단 기능을 중심으로 하는 암호화폐의 경우, CBDC와의 경쟁에서 우위를 차지하기 위해서는 많은 혁신이 필요합니다. 그러나 근본적으로 명목통화와 암호화폐

> • 금융 포용성
>   Financial Inclusion
> 모든 사람이 금융 서비스에 접근할 수 있도록 하는 것. CBDC는 이를 촉진할 수 있다.
>
> -------------------------
>
> • 규제 환경
>   Regulatory Environment
> 법적 규제와 규정이 적용되는 환경. CBDC 도입은 암호화폐에 대한 규제 환경을 강화할 수 있다.

의 가장 큰 차이점인 발행량에 대한 투명성*은
CBDC가 도입되더라도 해소되지 않을 가능성
이 크므로 암호화폐가 가지는 독특한 위치는 유
지될 것으로 보입니다.

* 발행량 투명성
  Supply Transparency
화폐나 자산의 발행량이
투명하게 공개되는 것. 암
호화폐의 주요 특징 중 하
나다.

CHAPTER 3.

코인 생태계와
섹터별 전망

좋은 코인
고르는 방법

암호화폐 투자는 변동성이 매우 높은 자산에 투자하는 것입니다. 암호화폐 중에서 가장 대장주인 비트코인만 보더라도 최고점과 최저점의 가격이 4배 정도 차이가 납니다. 2021년 11월 최고가 6만 6953달러에 거래된 비트코인은 다음 해인 2022년 11월 해당 사이클의 최저점인 1만 6908달러에 거래되었습니다. 기타 코인과 토큰들의 경우, 비트코인보다 변동성이 더욱 크므로 변동성에 의한 리스크가 높은 자산군이라는 사실을 반드시 알고 있어야 합니다.

하지만 변동성이 높다는 것은 투자를 통한 수익성 또한 높을 수 있다는 가능성을 내재하고 있습니다. 그래서 최대한 리스크를 줄이고 투자한다면 매력도가 높은 투자 방법이 될 수 있습니다.

투자 전에 고려해야 할 것

우선 좋은 코인을 고르기 전에 어떤 방법으로 투자를 진행할지 결정해야 합니다. 이때 자신의 투자 성향을 비롯해 투자 실력, 리스크 감당 수준 등을 고려해야 하죠. 가장 먼저 투자 방법을 고민해야 하는 이유는 투자 시기에 따라 접근 방법이 조금씩 달라질 수 있기 때문입니다.

경제와 주식도 어느 정도 사이클*에 따라 움직이는 경향이 있는데, 암호화폐 역시 그동안 비트코인의 반감기를 기준으로 사

> • 사이클Cycle
> 시장의 상승과 하락이
> 반복되는 주기

이클에 따라 움직였습니다. 비교적 긴 기간의 하락장과 함께 일반적으로 상당히 강력한 상승장이 왔다가 이후에 다시 베어장으로 진입하는 패턴을 보였죠.

암호화폐 시장에서 보통 베어장은 공부를 해야 하는 시기입니다. 각종 생태계에서 살아남는 프로젝트, 꾸준하게 성장하고 발전해 나가는 프로젝트를 찾아내고, 가능하다면 미리 선점해 불장을 기다려야 합니다. 그리고 불장이 다가왔을 때 선점한 프로젝트들이 제대로 움직이는지, 아니면 다른 테마들이 주를 이루는지 꼼꼼하게 살피며 대응해 나가야 합니다.

사실 암호화폐에 대해 잘 모른다면 비트코인이나 이더리움 정도를 꾸준하게 적립식으로 매수하는 것이 승률이 가장 높습니다. 부담이 되지 않는 선에서 일주일이나 한 달 주기로 비트코인이나 이더리움을

매수하는 것이죠. 이러한 투자 방식을 DCA*라고 부르는데, 하락장 때보다는 상승장 때 효율이 더 좋습니다. 암호화폐의 가격이 정확히 언제 오르고 내릴지 모르기 때문에 꾸준히 정기적으로, 일정한 금액으로 매수하면서 평균 매입가를 낮추는 것입니다. 이러한 형태로 투자하면 투자하는 기간 동안 포트폴리오가 손실을 보는 구간도 분명히 발생하지만, 기간이 길어질수록 가장 안정적인 수익을 보입니다.

> **· DCA**
> Dollar-cost Averaging
> 평균 매입법. 정해진 금액으로 일정한 간격마다 자산을 구매해 가격 변동에 상관없이 장기적으로 투자하는 전략

하지만 DCA나 기타 암호화폐 자산의 경우도 기본적으로 투자 자산에 대한 이해가 바탕이 되어야 합니다. 제대로 공부하지 않으면 시장 상황이 변하거나 투자 자산에 대한 평가가 바뀌었을 때 적절하게 대응할 수 없기 때문입니다.

예를 들어, 2017년 초에 우연찮게 비트코인에 대해 알게 되어 몇백만 원을 투자해 매수를 했다고 가정해 봅시다. 그 당시 1비트코인은 100만 원 정도에 거래되었습니다. 이후에 20배 가까이 가격이 상승했지만 다시 폭락해 400만 원대에 거래가 되었죠. 그리고 2021년에 70배 가까이 가격이 상승했다가 이후 하락해 2000만 원대 이하로 거래되었습니다. 2024년에는 초기 투자금의 100배에 가까운 1억 원 이상으로 가격이 상승했습니다.

만약 비트코인에 대해 제대로 이해하지 못하고, 전체 시장에서 비트코인이 차지하는 의미 등을 파악하지 못했다면 비트코인의 가격이 상승하기 전에 매도하는 안타까운 상황이 발생했을 것입니다.

비트코인 투자와 알트코인 투자의 이해

암호화폐 투자를 하기 전에 비트코인 투자와 알트코인 투자의 차이를 알아둘 필요가 있습니다. 우선 암호화폐 투자자들 사이에서 가장 중요한 자산은 비트코인입니다. 비트코인의 움직임에 따라 암호화폐 시장이 움직이기 때문입니다. 일반적으로 암호화폐 시장에서는 비트코인의 가격이 오르면 알트코인의 가격이 따라 움직이는 현상이 두드러집니다. 비트코인에서 유동성이 빠져나가 하락장으로 전환되면 알트코인도 같은 방향으로 나아갑니다.

한국 부동산은 보통 A군, B군, C군으로 구분합니다. 강남과 마용성(마포, 용산, 성동) 같은 지역을 A군, 기타 서울과 수도권 및 주요 도시 지역을 B군, 이외 지역을 C군으로 구분하죠. 특징은 A군의 가격이 가장 빠르게 오르고, C군의 가격이 가장 늦게 오른다는 것입니다. 그런데 문제는 하락장으로 진입하면 거꾸로 C군의 가격이 가장 빠르고 크게 빠진다는 사실입니다. 암호화폐도 비슷한 현상을 보이나 반영 속도는 부동산보다 훨씬 빠르고 강력합니다. 비트코인의 가격이 상승하면 이후에 알트코인의 가격이 오르고, 비트코인의 가격이 하락하면 이후에 알트코인의 가격은 빠르고 강력하게 하락합니다.

안 그래도 변동성이 높은 암호화폐 시장에서 비트코인보다 변동성이 더욱더 높은 알트코인에 투자한다는 것은 어떤 의미일까요? 상승장 때는 상승폭이 클 수 있지만, 하락장 때는 빠르게 대응하지 않으면 손실폭이 매우 크다는 것을 반드시 인지하고 있어야 합니다.

토큰과 코인의 차이점

저의 암호화폐 투자 포트폴리오 중 약 30%는 알트코인으로 구성되어 있습니다. 그런데 대부분 디파이를 통해 운용되고 있죠. 즉, 매수·매도를 위한 알트코인 투자는 사실상 없다는 뜻입니다.

알트코인의 경우도 거래소에서 매수·매도를 통해 이익을 볼 수 있는 것이 있는가 하면, 디파이에서 활용이 가능해 홀딩하고 있는 사이에도 추가적인 이익을 만들 수 있는 것이 있습니다.

우선 비트코인을 제외한 모든 코인은 알트코인이라 불리므로 알트코인들이 가지고 있는 성향도 어느 정도 알아둘 필요가 있습니다. 비트코인처럼 자체적인 블록체인을 가지고 있는 알트코인이 있는가 하면, 하나의 프로젝트에서 파생되는 토큰들도 있기 때문입니다.

여기서 잠깐 짚고 넘어가야 할 것이 있는데, 바로 코인과 토큰이라는 명칭입니다. 코인과 토큰은 둘 다 블록체인 네트워크에서 발행되는 디지털 자산이지만 기능과 특성이 조금 차이가 있습니다.

우선 코인은 독립적인 블록체인 네트워크에서 발행되는 디지털 자산입니다. 비트코인, 이더리움, 솔라나 같은 코인이 대표적인 예죠. 일반적으로 코인은 해당 블록체인에서 지불 수단과 트랜잭션 수수료용으로 사용되는 경우가 많습니다. 토큰은 이미 존재하고 있는 블록체인 네트워크 위에 구축된 디지털 자산입니다. 이더리움 블록체인에서 토큰을 만드는 표준을 이용해 만들어진 자산을 토큰이라고 부릅니다. 이러한 명칭을 구분해 조금 더 자세히 들여다보는 이유는 알트코인이라는 명칭하에서 통용되는 자산들의 카테고리를 명확하게 구분해 주기 위해서입니다.

코인의 히스토리를 이해하면 가치가 보인다

블록체인 네트워크에서 직접 발행되는 대표적인 코인은 비트코인입니다. 비트코인 블록체인에서 작업 증명 방식을 바탕으로 비트코인이 발행되며, 거래를 위해서는 비트코인을 수수료로 사용하고 전송해야 합니다. 여기서 중요한 점은 자체적인 블록체인 네트워크에서 발행되는 코인들의 경우, 거래 수수료라는 핵심 유틸리티가 있다는 것입니다.

이더리움은 코인을 전송하는 것뿐만 아니라 스마트 컨트랙트와 같은 복잡한 계약도 블록체인상에서 실행 가능하게 해줍니다. 하지만 이러한 복잡한 거래는 그만큼 많은 데이터를 필요로 하기 때문에 많은 거래 수수료를 요구합니다. 거래 수수료는 보통 한정된 거래 용량(블록)을 사용하고자 하는 사람이 많아질수록 높아지며, 이더리움 같이 스마트 컨트랙트 등을 실행하는 블록체인의 경우에는 데이터를 많이 기록할수록 비싸집니다. 이더리움 블록체인의 경우, 상승장일 때는 사용자가 많아 한 번 거래하고자 하면 몇십만 원의 수수료가 요구되는 경우도 있습니다.

비트코인은 대부분 거래만 할 수 있는 기능에 집중했다면 이더리움은 거래와 더불어 토큰도 만들고 스마트 컨트랙트를 이용해 NFT 등도 가능하게 하는 등 다양한 기능을 지원했습니다. 암호화폐를 만들고자 하는 사람들이 자체적인 블록체인을 따로 만들 필요 없이 기존의 블록체인을 이용해 토큰을 만들 수 있는 환경을 만들었죠. 또한 이더리움은 비트코인보다 거래 속도도 많이 향상시켰습니다.

처음에는 많은 사람이 이더리움의 수수료와 블록체인 자체의 처리 속도를 만족스러워했습니다. 하지만 사용자가 많아지자 수수료가 너무 높게 책정되었고, 속도 역시 만족감이 떨어졌습니다. 그로 인해 이러한 환경을 개선하고자 새로운 블록체인들이 등장하게 되었죠. 대표적인 블록체인은 바이낸스 거래소에서 론칭한 BNB와 트론 같은 체인이었습니다. 저렴한 수수료와 속도에 집중한 솔라나 같은 생태계도 만들어졌고, 텔레그램 메신저 사용자들을 아우른 톤* 블록체인 같은 곳도 생겨났습니다.

이 중 가장 대표적인 움직임을 이해하기 위해서는 이더리움이라는 블록체인의 특징을 알아둘 필요가 있습니다. 이더리움은 솔리디티*라는 언어를 이용해 프로그래밍을 합니다. 그리고 이더리움은 비트코인 다음으로 시가총액이 압도적으로 높고, 탈중앙화 금융

• 톤TON
텔레그램 메신저의 블록체인 프로젝트에서 출발했다.

• 솔리디티Solidity
이더리움 스마트 컨트랙트를 작성하기 위해 사용되는 프로그래밍 언어

에 많은 자금이 묶여 있는 생태계이기도 합니다. 블록체인 개발자들은 이러한 배경하에 솔리디티를 기반으로 프로그래밍을 배우는 경우가 많았습니다.

실제로 이더리움 기반으로 프로젝트를 만들었을 때 개발자 풀이 가장 큰 장점을 가지게 된 것은 암호화폐 생태계입니다. 트론, 코스모스, 솔라나, 톤코인, 앱토스, 수이 같은 블록체인 생태계들은 사용하는 프로그래밍 언어가 따로 있습니다. 그런데 개별적인 프로그래밍 언어를 사용하면서 한 가지 문제가 발생했습니다. 블록체인 생태계를 확장하기 위해서는 다양한 프로젝트가 해당 블록체인에서 개발되어야 하는데, 개발을 하려면 새로운 언어를 배워야 했고 개발자를 구하기가 쉽지 않다는 점입니다.

결국 각각의 블록체인이 선택한 것은 가장 대중적으로 사용되는 이더리움의 개발 언어인 솔리디티와의 호환이었습니다. 이를 'EVM(Ethereum Virtual Machine)'이라 부르며, 이는 이더리움 가상 머신 기술을 탑재해 자신들의 블록체인에서도 이더리움의 프로그램을 사용할 수 있게 만들어주었습니다. 맥북에서는 윈도우가 작동하지 않는데, 에뮬레이터를 사용하면 맥북에서도 윈도우를 부팅할 수 있는 것과 비슷한 기능이라고 생각하면 조금 더 쉽게 이해가 될 것입니다.

내용이 조금 어려워졌죠? 조금 더 상세하게 들여다본 이유는 코인과 토큰의 성향, 카테고리에 대한 이해가 없으면 이후에 투자할 코인을 찾을 때 어떤 카테고리에 분류해야 하는지 알 수 없기 때문입니다.

가장 기본적으로 자체적인 블록체인을 운영하는 코인인지, 프로젝트를 위해 만들어낸 토큰인지 구분해야 합니다. 자체적인 블록체인을 운영할 경우에는 실생활에서 사용하는 최소한의 유틸리티인 블록체인 사용료(수수료)가 있다는 것을 기억해야 합니다. 시가총액 20위권에 있는 알트코인은(스테이블코인 제외) 자체적인 블록체인을 운영하는 경우가 많습니다. 그럼 여러 코인들을 구분하는 카테고리를 통해 어떤 코인이 좋은 코인인지 이어서 알아보겠습니다.

카테고리별로 보는
주요 코인들

암호화폐들의 카테고리들은 다양한 기준으로 구분할 수 있습니다. 기술적인 기준을 이용하거나, 특정 벤처캐피털이 투자했던 포트폴리오를 기준으로 하거나, 게이밍이나 AI 등과 같은 카테고리로도 구분이 가능합니다. 이런 종류의 카테고리는 코인마켓캡(Coinmarketcap)이나 코인게코(Coingecko)와 같은 사이트에서 살펴볼 수 있습니다. 대표적인 카테고리들과 각각에 해당하는 코인과 토큰들은 다음과 같습니다.

- **레이어1(자체 블록체인 운영)**: 비트코인(BTC), 이더리움(ETH), 비앤비(BNB), 솔라나(SOL), 톤(TON), 에이다(ADA), 트론(TRON) 등
- **레이어2(메인 블록체인 확장성 개선)**: 옵티미즘(OP), 아비트럼(ARB), 맨틀(MNT), 폴리곤(POL), 스타크넷(STRK) 등

- **디파이(탈중앙화 금융)**: 유니스왑(UNI), 에이브(AAVE), 메이커다오(MKR), 주피터(JUP), 라이도(LDO) 등

- **스테이블코인**: 테더(USDT), USDC, DAI, 퍼스트 디지털 USD(FDUSD), 페이팔 USD(PYUSD) 등

- **게임 및 메타버스**: 엑시 인피니티(AXS), 샌드박스(SAND), 디센트럴랜드(MANA), 에이프코인(APE) 등

- **AI**: 비트텐서(TAO), 렌더(RENDER), 더 그래프(GRT), 페치(FET) 등

- **디핀(탈중앙 물리 네트워크)**: 렌더(RENDER), 쎄타(THETA), 알위브(AR), 파일코인(FIL), 헬리움(HNT), 하이브매퍼(HONEY) 등

- **거래소 코인**: 비앤비(BNB), 유니스왑(UNI), 지엠엑스(GMX), 해시키(HSK) 등

- **밈코인**: 도지코인(DOGE), 시바이누(SHIB), 페페(PEPE), 도그윗햇(WIF), 봉크(BONK), 플로키(FLOKI) 등

▎ 코인게코의 시가총액 기준 암호화폐 카테고리

이렇듯 간단하게 나눈 카테고리만 보아도 수많은 종류의 코인과 토큰들이 있음을 알 수 있습니다. 하나의 코인이 여러 특징을 지닌 경우는 여러 카테고리에 속하기도 합니다.

좋은 코인을 고르기 위해서는 각 카테고리별로 코인들의 특징들이나 성향들을 살펴보고, 투자자들의 선호도나 자금이 어느 카테고리로 모이는지를 확인하며 성장 가능성이 높은 종목을 찾을 수 있습니다. 지금부터 주요 카테고리와 그에 해당하는 코인에 대해서 조금 더 자세히 알아보겠습니다.

자체 블록체인 보유 코인들

비트코인, 이더리움, BNB 체인, 솔라나, 리플, 톤코인, 카르다노*, 아발란체*, 트론, 앱토스, 수이 등의 코인들은 자체적으로 블록체인을 운영하면서 자신들의 코인을 수수료로 사용합니다. 이렇게 자체 블록체인을 운영하는 코인

> • 카르다노Cardano
> 과학적 접근으로 개발된 PoS 블록체인. 스마트 컨트랙트를 지원한다.
> -
> • 아발란체Avalanche
> 높은 처리량과 낮은 거래 비용을 가진 블록체인 플랫폼

의 경우, 수수료라는 유틸리티 외에도 블록체인 위에서 탈중앙화된 금융을 할 수 있는 앱을 바탕으로 추가적인 유틸리티가 발생하는 경우가 많습니다. 그렇기 때문에 해당 블록체인에서 프로젝트를 개발하고 활동하는 앱이 많고, 해당 앱이 많은 자금을 유입시키면서 거래를

많이 일으킬수록 해당 블록체인의 코인이 자주 쓰이고 가치가 높아지는 경향이 있습니다. 이런 블록체인들을 '레이어1(Layer1) 블록체인'이라고 부릅니다.

비트코인의 경우, 직접적인 스마트 컨트랙트를 운용할 수 있는 블록체인이 아니기에 2013년부터 인스크립션*이라는 기술을 통해 이더리움 같은 토큰 생성이나 디파이 트렌드가 생겨났습니다. 이더리움은 가장 활발하게 블록체인 앱을 개발하고 있으며, 유동성이 꾸준히 유입되고 있습니다.

이외의 블록체인들도 블록체인 개발자들

· 인스크립션
Inscription
블록체인에 텍스트, 그림, 오디오, 비디오 등의 메시지를 기록해 토큰으로 처리하는 방법

과 프로젝트들을 자신들의 블록체인으로 유입하고 정착시키기 위해 엄청난 노력을 기울이고 있습니다. 이는 블록체인 재단에서 개발 운영 자금을 만들어 프로젝트에 지원하거나, 자신들의 생태계를 위해 전문적으로 투자를 하는 벤처캐피털을 양성하는 등의 행동으로 이어지기도 합니다.

자체적인 블록체인을 운영하는 코인들은 대부분 블록체인을 이용해 다양한 프로젝트를 진행하면서 더 많은 사용자와 자금을 끌어오고, 블록체인의 트랜잭션을 늘리고, 거래 볼륨을 높여야 가치가 상승합니다.

자체 블록체인을 운영하고 있지만, 코인이 수수료로 사용되지 않는 경우도 있습니다. 이더리움을 기반으로 하면서 이더리움의 높은 거래 수수료와 속도를 개선하고자 자체적인 블록체인을 만든 프로젝

트들도 있습니다. 이러한 블록체인들을 '레이어2(Layer2) 블록체인'이라고 부릅니다. 특징은 이더리움보다 거래 수수료가 저렴하고 거래 속도가 빠르다는 것과 안전성을 위해 이더리움 블록체인을 활용한다는 것입니다. 대표적인 예로 아비트럼*과 옵티미즘* 등이 있습니다.

이러한 블록체인의 경우, 거래 수수료는 이더리움 코인을 사용하는데, 그렇다고 해서 자체적인 코인이 없는 것은 아닙니다. 다만 거래 수수료라는 유틸리티가 아니라 블록체인 거버넌스*, 즉 블록체인의 개발 방향을 탈중앙화로 결정하기 위한 투표성 유틸리티로 활용되는 경우가 많습니다. 레이어2 블록체인들의 거버넌스 토큰들도 해당 블록체인에서 앱과 사용자가 늘어나 유동성이 풍부해지면 코인의 가치가 상승하는 특징을 가지고 있습니다.

- **아비트럼**Arbitrum
  이더리움 기반의 레이어2 솔루션. 거래 수수료가 저렴한 것이 특징이다.

- **옵티미즘**Optimism
  이더리움의 확장성 문제를 해결하기 위한 레이어2 솔루션

- **거버넌스**
  Governance
  블록체인 네트워크에서 규칙 변경이나 프로젝트 발전 방향을 결정할 때, 토큰 보유자들이 투표를 통해 의사 결정을 내리는 시스템

예금과 대출이 가능한 스테이블코인

한국에서 암호화폐 투자를 할 때 거래소를 이용하면 보통 원화를 기준으로 암호화폐를 매수·매도하게 됩니다. 예를 들어 비트코인이

나 이더리움에 투자한 후에 가격의 상승이 충분하다고 판단된 시점에 현금화를 하거나 하락에 대비해 암호화폐를 다시 팔아 원화로 보유하면 됩니다. 하지만 해외 거래소에서 거래하거나 디파이를 하게 되면 원화로 전환해 보관할 수 없습니다. 또한 해외 거래소의 경우 모두 미국의 달러를 사용할 수 없기 때문에 암호화폐를 거래할 기본적인 거래 쌍, 즉 페어(Pair)가 필요합니다.

암호화폐를 거래할 때 변동성 있는 암호화폐의 자산 가치를 비교적 안전한 가치로 전환하기 위해 몇몇 사기업에서 달러의 가치와 연동되는 토큰들을 만들었습니다. 이러한 토큰들을 '스테이블코인'이라 부릅니다. 앞에서 그 개념은 살펴보았죠. 암호화폐 투자 시 변동성 있는 코인이나 토큰에 투자해 자산을 늘릴 수도 있지만, 스테이블코인을 활용해 투자하는 방법들도 존재합니다. 이는 일반적인 금융과 비슷하게 대출을 통해 이루어지는 경우가 많습니다. 즉, 자신의 비트코인이나 이더리움 등을 팔지 않고 추가 투자를 위해 암호화폐를 담보로 예치한 뒤 스테이블코인을 빌리는 투자자들이 있습니다. 이러한 경우 대출 이자를 받을 수 있기 때문에 암호화폐 생태계에도 스테이블코인을 바탕으로 한 예금 및 대출 이자 플랫폼이나 프로그램들이 존재합니다.

또한 스테이블코인을 만들어내려면 실제로 미국 달러를 담보로 맡겨야 하기 때문에 스테이블코인의 시가총액 변화를 통해 암호화폐에 대한 수요가 어떻게 변하는지 확인할 수도 있습니다.

대표적인 스테이블코인으로는 테더사의 USDT와 서클사의 USDC

가 있습니다. USDT는 중앙화 거래소에서, USDC는 탈중앙화 거래소와 디파이에서 주로 활용되고 있습니다.

▌ USDT의 시가총액 증가 그래프

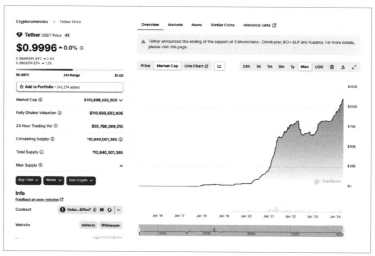

출처: 코인마켓캡

더 이상 장난이 아닌 밈코인

사실 밈코인을 세 번째로 언급하는 것이 맞는지 고민이 많았습니다. 하지만 현재 암호화폐 생태계에서 밈코인이 차지하는 거래량*과 시가총액의 비율이 점차 높아지고 있어 반드시 짚고 넘어갈 필요가 있다고 판단했습니다.

> • 거래량Trading Volume
> 시장에서 거래되는 자산의 총량

가장 대표적인 밈코인은 일론 머스크(Elon Musk)의 잦은 언급으로 대표적인 코인 중 하나로 성장한 도지코인*입니다. 재미로 만들어져 운영자가 모두 매도한 뒤 커뮤니티에 맡겨버린 프로젝트였으나 머스크가 테슬라와 연결 지으며 꾸준하게 언급해 주요 코인 중 하나로 자리 잡게 되었습니다.

이외에도 강아지를 주제로 한 시바이누*와 개구리를 주제로 한 페페(PEPE) 같은 밈코인들도 비교적 높은 시가총액을 유지하고 있습니다. 솔라나의 오랜 하락 횡보장을 멈추게 하는 데 일조한 봉크(BONK)와 난데없이 강아지가 모자를 쓴 WIF(Dog with Hat) 같은 밈코인들도 시가총액이 몇조 원 단위로 성장했습니다.

| 도지코인 | 시바이누 | 페페코인 |

밈코인의 특징은 사실상 아무런 유틸리티도, 로드맵도 없으며 말 그대로 누군가가 더 비싸게 사주어야만 팔 수 있는 가장 기초적이고 본능적인 기능을 가지고 있다는 것입니다. 밈코인은 다양한 체인에서

빠르게 생성되는데, 대부분 잠시 반짝했다가 유동성이 사라지면 가격이 곤두박질치는 경우가 많습니다.

자금력 있는 거래소 코인

중앙화 거래소에서 토큰이나 코인을 발행하는 경우가 있습니다. 대표적으로 바이낸스 거래소의 BNB는 자체적인 블록체인을 운영하는 코인이기도 하지만 거래소 코인이기도 합니다. 사실 시작 자체는 거래소 코인이었습니다.

이러한 거래소 코인들은 해당 거래소에서 거래할 때 수수료를 자체 코인으로 지불하면 수수료를 할인해 주는 유틸리티를 가지고 있습니다. 새로운 토큰이나 코인을 판매하는 런치패드와 같은 시스템을 운영할 때는 해당 거래소 코인이 있어야만 참여가 가능한 유틸리티를 가지기도 합니다. 대표적인 거래소 코인으로는 앞서 언급한 바이낸스 거래소의 BNB와 OKX 거래소의 OKB, 크립토닷컴의 CRO, 비트겟 (Bitget) 거래소의 BGB 등이 있습니다.

중앙화 거래소가 아닌 탈중앙화 거래소의 토큰들도 있습니다. 대표적으로 이더리움에서 가장 큰 탈중앙화 거래소를 운영하고 있는 유니스왑의 유니*와 최근 거래소에서 한 단계 업그레이드해 자체적인 블록체인을 운영하고 있는 DYDX 같은 토큰들이 있습니다.

* 유니UNI
가장 큰 탈중앙화 거래소인 유니스왑의 토큰

또한 탈중앙화 선물 거래소이면서 수수료 수익의 일부를 돌려주는 유틸리티를 가지고 있는 GMX 거래소의 GMX 토큰도 있습니다.

거래소 코인들의 특징은 상승장이 왔을 때 상승 여력이 좋다는 것입니다. 하락장 때는 거래량이 줄어들다가 상승장 때는 중앙화 거래소나 탈중앙화 거래소의 거래 볼륨이 비약적으로 높아지면서 수수료 수익도 함께 높아지는 경향이 있기 때문입니다. 모든 거래소 코인이 그렇지는 않지만, 많은 경우 토크노믹스*를 만들 때 거래소가 버는 거래소 수수료 중 일부를 자신들의 토큰을 다시 매수해

> • 토크노믹스Tokenomics
> 토큰의 경제학. 배분과 유통 과정을 포함한다.

소각하고 유통량을 줄이는 데 사용하기도 합니다. BNB나 OKX 같은 거래소 코인들 역시 이러한 소각 메커니즘을 가지고 있으며, 2024년부터 홍콩과 글로벌에서 새롭게 시작하는 해시키 거래소의 HSK도 기본적으로 소각 메커니즘을 가지고 있습니다.

거래소 토큰들의 또 하나의 특징은 초기에는 거래소 토큰으로 시작했다가 나중에는 자체적인 블록체인을 만들어 운영하는 경우가 많다는 것입니다. 바이낸스 거래소의 BNB가 그랬으며, 크립토닷컴의 CRO도 EVM 기반의 블록체인은 크로노스(Cronos)를 운영하고 있습니다. OKX 거래소의 OKB도 자체적인 체인을 운영하고 있고, 해시키 거래소의 HSK 역시 최종 목표는 자체적인 체인을 운영하는 것입니다.

거래소 토큰들이 자체적인 블록체인을 운영하면서 토큰에서 코인으로 성향을 바꾸는 것은 중앙화 거래소가 가지고 있는 거래에 제한

된 유틸리티를 확장하고, 그와 동시에 탈중앙화 금융을 준비하기 위해서입니다. 거래소들이 거래 수수료로 인한 자금력이 바탕이 되어 이후에 자체적인 블록체인을 운영하면 그만큼 성장세가 더욱더 빨라질 가능성 또한 관찰되었습니다.

프로젝트에 활용되는 토큰들

블록체인을 활용하거나 블록체인을 기반으로 개발되는 프로젝트들도 토큰을 발행하는 경우가 많습니다. 그중에는 토큰만 발행해 활용하는 프로젝트도 있고, 아예 탈중앙화 금융 같은 프로젝트를 운영하면서 프로젝트와 깊은 연관을 만들어 운영하는 토큰들도 있습니다. 탈중앙화 금융 거래소를 운영하는 유니스왑의 유니와 유동성 스테이킹을 제공하는 라이도(Lido)의 LDO가 대표적인 예입니다.

게임에 활용되는 토큰은 프로젝트에 활용되는 토큰들 중 하나입니다. 게임을 하면서 보상을 받는데, 엑시 인피니티(Axie Infinity)의 AXS와 샌드박스의 SAND가 이러한 프로젝트에 활용되는 토큰들입니다.

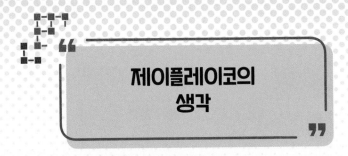

제이플레이코의
생각

높은 시가총액을 유지하는 코인과 토큰은 대부분 자체적인 블록체인을 운영

하는 코인이거나 스테이블코인입니다. 시가총액이 한 코인이나 토큰의 전체적

인 가능성을 결정하는 것은 아니지만, 시가총액이 클수록 움직이는 유동성의

크기도 커지므로 관심을 갖고 지켜볼 필요가 있습니다.

AI,
이미 곁에 다가온 미래

우리는 아주 오래전부터 AI*를 사용해 왔습니다. 인터넷을 신청하면 같이 제공되는 AI 스피커나 스마트폰을 사용하면 제공되는 AI 비서* 등은 우리 생활에서 쉽게 접할 수 있었죠. 다만 한 가지 문제는 이러한 AI 도구가 똑똑하지 못했다는 것입니다. AI 도구에 무언가를 물어보면 모른다고 답하는 경우가 많았습니다. 오늘의 날씨, 주가 정보, 캘린더 확인 등 간단한 일을 제외하고는 특별히 사용할 일이 없어 사람들에게 외면받는 경우가 많았죠.

그러나 2022년 12월 등장한 오픈AI*의 챗GPT가 가히 충격적인

• AIArtificial Intelligence

인공지능 기술. 인간의 학습, 추론, 문제 해결 능력을 모방하는 컴퓨터 시스템이다. 최근 다양한 분야에서 발전하고 있으며, 사용성과 기능성 면에서 큰 진보를 이루고 있다.

• AI 비서AI Agent

AI 기반의 음성 인식 및 자연어 처리 기술을 활용하여 사용자와 상호작용하며 일상적인 정보 제공과 간단한 작업을 수행하는 도구

기능성을 보여주면서 AI에 대한 대중들의 인식이 한순간에 바뀌었습니다. 간단한 문구를 바탕으로 요구 사항을 적으면 챗GPT는 그동안 학습된 데이터를 기반

으로 빠르고 정확하게 답을 해주었습니다. 주제도 이전 세대의 AI처럼 날씨, 주가 등에 국한되지 않았습니다. 수학, 철학, 문학 관련 정보를 제공해 주는 것은 물론, 심지어 개발 코드까지 만들어주었죠.

AI라는 핵심 기술은 소프트웨어, 하드웨어 등 다양한 분야에서 혁신을 요구하게 되었고, 엔비디아 같이 AI 칩셋을 만드는 회사를 비롯해 구글, 메타 등의 회사들도 더욱더 발전된 AI를 개발하고 있습니다. 크립토 생태계 역시 이러한 AI의 흐름에 따라 다양한 프로젝트를 발표하면서 성장하고 있습니다.

성장 가능성이 높은 프로젝트를 찾기 위해서는 우선 AI와 크립토 프로젝트의 성향을 들여다보고, 각 섹터의 장단점을 파악할 필요가 있습니다.

암호화폐 AI 카테고리

주식시장에서 하나의 주제를 가진 사건에 의해 같은 방향으로 주가가 움직이는 종목군을 '테마주'라고 부릅니다. 암호화폐 시장에도 이러한 큰 테마들이 등장하면서 영향을 미치고 있습니다. 그중 하나

가 바로 AI입니다.

주식시장의 경우, AI에 필요한 하드웨어를 만드는 곳과 AI를 직접 개발하고 소프트웨어를 만드는 곳을 중심으로 성장세가 보이는 반면, 암호화폐 시장의 AI 관련 코인들은 조금 더 세분화되어 구분됩니다.

암호화폐 프로젝트들이 직접 AI 칩셋을 만드는 경우는 없습니다. 하지만 하드웨어와 연관되어 있어 연산 능력을 제공하는 등의 프로젝트는 존재하죠. 크게 구분하면 다음과 같은 항목들이 있습니다.

- 탈중앙화된 연산 네트워크*
- 탈중앙화된 학습 네트워크*
- AI를 이용한 서비스 제공

물론 이보다 더욱 상세하게 구분할 수도 있지만, 대부분의 프로젝트는 이 정도로도 구분이 가능합니다.

> • 탈중앙화된 연산 네트워크
> Decentralized Computing Network
> 블록체인 기술을 기반으로 한 분산형 컴퓨팅 플랫폼. 네트워크 참여자들이 컴퓨팅 자원을 공유하고 AI 모델을 실행할 수 있는 환경을 제공한다.
>
> ----------------------------
>
> • 탈중앙화된 학습 네트워크
> Decentralized Training Network
> 분산형 머신 러닝 플랫폼. 다수의 참여자가 데이터를 공유하고 AI 모델을 학습시키며 성능을 향상시킬 수 있는 구조를 제공한다.

AI 발전에 따른 성장성 높은 코인들

AI와 관련된 코인을 이해하려면 우선 AI라는 기술을 만들기 위해 무엇이 필요한지 알아둘 필요가 있습니다. 특히 오픈AI의 자연어 처리* 같은 기술은 몇 가지 준비 사항이 필요합니다. 인공지능의 자연어 처리는 컴퓨터가 인간이 사용하는 언어를 이해하고 처리할 수 있도록 하는 기술로, 텍스트의 의미를 분석하거나 생성하는 과정을 포함합니다.

> **• 자연어 처리**
> Natural Language Processing, NLP
> 컴퓨터가 인간의 언어를 인식하고 처리할 수 있도록 하는 기술. 텍스트 데이터의 의미를 분석하거나 생성하는 기술을 포함한다.

자연어 처리를 하기 위해서는 우선 많은 데이터를 학습시켜야 합니다. 그림 데이터든, 언어 데이터든 데이터가 방대할수록 더욱더 정교한 AI엔진이 만들어집니다. 학습한 데이터가 많을수록 AI의 답변히 정확해지는 것이죠. 물론 데이터를 학습하면서 이를 처리하는 기술도 매우 중요합니다. 각 기업은 적은 데이터로도 완벽한 답변을 할 수 있는 AI를 개발하기 위해 엄청난 노력을 기울이고 있습니다.

데이터는 공개된 소스에서 가져오거나 자체적으로 소유한 데이터를 기반으로 합니다. 자신만의 데이터가 많아야 성공적인 AI를 만들 수 있습니다. 크립토 프로젝트 중에는 이러한 데이터를 제공하거나 생성하는 등의 작업을 탈중앙화 형태로 진행하는 것을 바탕으로 하는 경우가 있습니다.

예를 들어, 사진을 입력하면 그것이 무슨 사진인지 파악하기 위해 처음에는 사람이 일일이 알려주어야 합니다. 이와 같이 최초에 알려주는 작업을 태깅*이라고 하는데, 광범위한 태깅 작업을 지속적으로 제공하기 위한 AI 관련 블록

> **• 태깅Tagging**
> 데이터나 콘텐츠에 대한 정보를 제공하기 위해 해당 항목에 키워드나 레이블을 붙이는 작업

체인 프로젝트들도 있습니다. 즉, 양질의 데이터를 만들어 AI가 학습하기 좋은 환경을 만들어주는 프로젝트죠. 접근 방법과 데이터의 질에 따라 꾸준하게 수요가 있을 수밖에 없습니다. 또한 다양하게 학습된 AI를 연결하여 거대한 네트워크를 만드는 경우도 있습니다.

- **예**: 비트텐서(Bittensor)는 오픈소스 프로토콜로, 블록체인 기반의 머신러닝 네트워크를 만드는 것을 목표로 하고 있다. 발행된 토큰은 TAO다.

이러한 식으로 좋은 데이터를 만든 뒤 데이터를 학습하면 AI는 학습 데이터*를 바탕으로 사용자의 명령인 프롬프트*를 수행하기 위해 결과를 도출해야 합니다. 결과를 도출하기 위해선 수억 가지 학습 데이터를 검색하고 정리해야 하는데, 이때 연산 능력이 필요합니다. 이러한 연산 능력은 보통 특수한 AI 전용 그래픽카드*를 통해 만들어집니다. 물론 PC에 사용하는 그래픽카드도 AI 연산을 위해 이용될 수는 있습니다. 그러나 전용 그래픽카드에 비해서는 연산 능력이 떨어지죠.

오픈AI나 구글, 메타와 같은 회사들은 AI 경쟁에서 뒤처지지 않고자

> - 학습 데이터Training Data
> AI가 학습하는 데 사용되는 대규모 데이터셋. 자연어 처리 모델의 성능과 정확도에 중대한 영향을 미친다.
>
> ---
>
> - 프롬프트Prompt
> 사용자가 AI에게 제공하는 명령이나 질문. AI는 이를 기반으로 데이터를 검색하고 결과를 생성한다.
>
> ---
>
> - AI 전용 그래픽카드
>   AI Graphic Card
> 고성능 컴퓨팅을 위해 특화된 그래픽카드. AI 연산에 필수적인 연산 능력을 제공한다. 주요 제조사로는 엔비디아가 있으며, AI 발전과 함께 수요가 증가하고 있다.

AI 전용 그래픽카드를 확보하기 위해 경쟁을 벌이기도 합니다. 대부분의 AI 전용 그래픽카드를 생산하는 엔비디아의 주가가 AI의 수요와 함께 상승한 것도 이러한 배경 때문입니다.

오픈AI의 영상용 AI 소라(SORA)가 공개되면서 AI 그래픽 칩의 수요는 더욱 늘어날 전망입니다. 문제는 현재의 공급이 수요를 따라가지 못하는 가운데 AI를 안정적으로 사용하기 위해 연산 능력이 필요한 기업이나 사용자는 더욱 늘어날 것이라는 점입니다.

물론 일반 PC에서 사용하는 그래픽 칩의 경우 AI 전용 그래픽 칩보다 연산 능력이 떨어지기는 하나, 전 세계에서 운용 중인 그래픽 칩전체의 연산 능력을 탈중앙화 형태로 제공하는 것을 목표로 하는 블록체인 프로젝트들도 있습니다.

이러한 프로젝트들은 개개인이 블록체인을 통해 자신의 그래픽카드 연산 능력을 제공하고, 그에 대한 보상으로 블록체인 코인을 받는형태로 구성됩니다. AI 연산 능력이 필요한 기업이나 개인은 AI 블록체인을 통해 필요한 만큼의 연산 능력을 코인으로 사고파는 형태의탈중앙화된 AI 연산 능력 네트워크를 만들어가는 것입니다.

- 예: 렌더(Render)는 AI 관련 토큰 중 가장 높은 시가총액 순위를 유지하고 있으며, 3D 그래픽이나 AI 연산에 필요한 GPU 네트워크를 제공하는 것을 기본 골격으로 하고 있다. 발행된 토큰은 RENDER이다.

마지막으로, 실제로 AI를 사용하는 다양한 프로젝트에 대해 이야기해 볼까 합니다. 오픈AI처럼 직접 AI를 개발하고 관련된 서비스를 제공하는 곳도 있지만, 다른 AI 회사의 기능을 바탕으로 조금 더 세분화된 서비스를 제공하는 프로젝트도 다수 있습니다.

예를 들어, 이커머스에 사용될 상세 페이지 문장을 만들어주는 툴, 동영상 쇼츠를 분석해 자동으로 편집해 주는 툴, 동영상에서 나오는 음성을 분석해 자동으로 자막을 편집해 주는 툴 등 다양한 서비스가 있습니다. 이 중에는 블록체인과 연관되어 AI를 서비스하는 프로젝트도 있습니다. 암호화폐와 관련된 질문에 답을 해주는 AI 비서 서비스를 비롯해 자동으로 최적화된 매수·매도를 할 수 있도록 도와주는 서비스들이 있죠.

- **예**: 델리시움(Delysium)은 블록체인 기술과 AI, 게임 등을 통합적으로 지원하는 플랫폼을 운영하고 있다. AI 에이전트 생성을 통해 에이전트 네트워크를 구성하면서 자동으로 태스크를 실행하는 것을 목표로 하고 있다. 발행된 토큰은 AGI이다.

테마별 AI 코인 찾는 방법

특정 카테고리의 코인을 찾는 방법은 매우 다양합니다. 그중 가장 빠른 방법은 카테고리별로 코인을 정리한 사이트를 이용하는 것입니다. 대표적인 사이트는 각 코인과 토큰의 시가총액을 집계해 주는 코인마켓캡(coinmarketcap.com)과 코인게코(www.coingecko.com/ko)입니다.

거래소들도 AI 테마와 관련된 코인과 토큰을 따로 구분해 정리하는 경우가 있습니다. 다만 거래소에서 만든 AI 카테고리는 자신들의 거래소에 상장되어 있는 코인과 토큰만 정리한 경우가 많습니다. 따라서 전체적인 시장 현황을 파악하기 위해서는 시가총액을 정리한 사이트를 이용하는 것이 바람직합니다.

▌ 코인게코의 시가총액 기준 AI 코인 순위

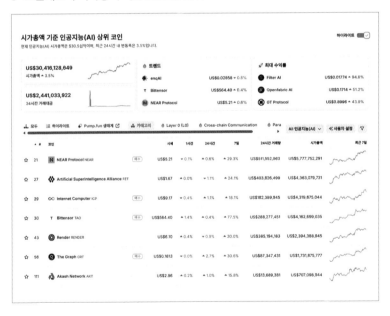

코인게코를 예로 들어보겠습니다. 카테고리 페이지에 진입하면 AI 카테고리로 분류된 모든 종류의 코인이 나열되어 있습니다. 이와 같이 시가총액 기준으로 정리한 것은 관련 코인의 공식 홈페이지나 주요 백서 등의 링크도 포함되어 있어 코인의 전반적인 성향을 분석하기 위한 기초로 활용할 수 있습니다. 특히 관련 코인을 매수할 때 어느 거래소가 적합한지 등의 정보를 함께 볼 수 있어 매우 유용합니다.

코인게코는 시가총액 기준으로 정리된 사이트이기 때문에 기본 순서도 시가총액 규모에 따라 정리가 되어 있습니다. 이때 주의해야 할 점은 현재 유통된 코인을 기준으로 한다는 것입니다.

그렇다면 유통 가능한 코인과 현재 유통된 코인의 차이는 무엇일까요? 아직 발행되지 않았거나 시중에 유통되지 않은 코인을 제외한 것이 현재 유통된 코인입니다. 유통되지 않은 코인은 투자사에 판매되어 락업*이 되어 있거나 유통이 제한되어 있는 경우가 있습니다.

> • 락업Lock-up
> 투자자나 프로젝트가 발행한 토큰을 일정 기간 동안 거래할 수 없도록 제한하는 것. 이는 프로젝트의 투자자 보호와 시장 불안정성 방지를 목적으로 한다.

프로젝트가 시작된 지 얼마 되지 않았을 때는 유통된 코인이나 토큰보다는 락업이 되어 있는 수량이 더 많을 수도 있습니다. 이럴 때는 물량이 언제 풀릴지 등에 대한 정보를 찾아 함께 분석해야 합니다. 시장에 많은 물량이 풀리면 그만큼 매도 압력이 강해지기 때문입니다.

추가적으로, 상장되어 있는 거래소에 대한 정보도 각 코인별로 살펴보는 것이 좋습니다. 대형 거래소에 상장되어 있는 코인과 중소형 거래소에 상장되어 있는 코인은 유동성의 깊이 차이가 있어 거래가 원활하게 되는지, 많은 수량을 매수하거나 매도하고자 할 때 거래량이 나오는지 등을 확인할 수 있습니다. 특히 아직 중앙화 거래소에 상장되어 있지 않은 프로젝트들은 그만큼 초기라는 뜻으로 해석할 수도 있으나, 만약 탈중앙화 거래소에 오랜 기간 상장되어 있었는데 어느 정도 이름이 있는 거래소에 등록되어 있지 않다면 그만큼 펀딩을 받지 못했거나 투자자들의 주목을 받지 못한 것일 수도 있습니다.

AI 분야에는 2024년부터 다양한 방향에서 두각을 나타내는 블록체인 프로젝트들이 있습니다. 그중에서 가장 큰 영향력을 펼칠 것으로 예상되는 건 인프라적으로 AI에 필요한 데이터나 연산 네트워크 등을 제공하는 프로젝트입니다.

AI는 현재 오픈AI나 구글, 메타, 애플, 마이크로소프트 등 대형 기술 기업들의 막대한 투자금을 통해 빠르게 발전하고 있습니다. 하지만 AI를 처리하고 계산하기 위한 연산 능력의 공급이 한정적이라는 점, AI를 학습시키기 위해 지속적으로 데이터를 공급해야 하는 점 때문에 한계에 다다를 수도 있습니다.

AI 산업이 필요로 하는 자원적·기술적 부분에 도움이 될 만한 블록체인 프로젝트들은 그 수요에 따른 토큰들의 수요도 늘어날 것으로 보입니다.

디핀, 탈중앙화된
물리 네트워크의 혁신

디핀*은 탈중앙화된 물리 네트워크를 의미합니다. 요즘에는 와이파이를 설치한 가정이 많습니다. 그런데 집에 사람이 없으면 아무도 사용하지 않아 대기 상태로 있죠. 만약 와이파이를 일부 공유해 다른 사람들이 쓸 수 있게 만든다면 어떨까요? 와이파이는 더 이상 대기 상태로 있지 않아도 되고, 이용한 사람에게 사용료를 받아 수입을 만들어낼 수도 있습니다.

이런 형태로 불특정 다수가 자신들의 리소스를 공유하면서 하나의 새로운 공유 네트워크를 만드는 것이 디핀의 한 종류입니다. 이때 발생하는 비용은 토큰으로 주는 것이죠. 이때 블록체인 기술을 이용해 안전하게 거래할 수 있는 환경을 만들 수 있습니다. 탈중앙화된 무선 네트워크가 형성되면서 많은 사람이 이용할수록 더욱 촘촘하게 네트워크가 만들어질 수도 있습니다. 실제로 헬륨(Helium)이라는 프로젝트는 이러한 종류의 무선 네트워크를 만들어내면서 HNT*라는 토큰을 발행해 활용하고 있습니다.

서로를 몰라도 하나의 목표로 자신의 하드웨어나 기능 등을 일부 공유하면서, 다른 개인이나 프로젝트들이 그

> • HNT Helium Network Token
> 헬륨 프로젝트에서 사용되는 토큰. 무선 네트워크를 구축하고 참여자에게 보상을 지급하는 데 사용된다.

공유 네트워크를 같이 사용하면서 시너지 효과를 만들어내는 것이 디핀의 핵심입니다.

네이버 지도와 구글 맵스 등을 보면 로드뷰(Road View)라는 기능이 있습니다. 지도를 클릭하면 해당 지점의 거리 사진을 볼 수 있죠. 네이버와 구글은 이러한 기능을 지원하기 위해 특수 정비된 차량을 내보내 거리를 주기적으로 촬영합니다. 이렇게 기록된 사진 데이터들이 이후에 업데이트되면, 네이버 지도와 구글 맵스에서 변화된 거리 모습을 확인할 수 있습니다.

이러한 프로세스를 디핀으로 접근하는 프로젝트도 있습니다. 블랙박스처럼 생긴 하드웨어를 판매해 차량에 부착하게 한 뒤 운전할 때마다 거리 사진을 찍게 하는 것이죠. 해당 사진들이 앱에 업로드되면 네이버 지도나 구글 맵스와는 다른 로드뷰를 위한 지도가 만들어집니다. 이 프로젝트는 아직 매핑이 되지 않은 거리나 업데이트가 필요한 거리를 다닐 때 조금 더 많은 보상을 지급합니다. 이런 방식으로 사용자들이 효율적으로 거리 매핑*을 할 수 있도록 유도하죠.

이러한 형태로 만들어지는 거리 매핑 데이터는 이후 데이터 수요가 있는 기업 등에 판매되며, 네이버 지도나 구글 맵스의 로드뷰 사진과 달리 주기적으로 촘촘하게 업데이트된다는 특징을 가지고

> • 거리 매핑Road Mapping
> 특정 지역의 거리와 지형을 매핑하여 데이터를 생성하고 업데이트하는 작업. 하이브매퍼와 같은 프로젝트는 허니 토큰을 사용하여 이를 운영한다.

있습니다. 해당 프로젝트는 하이브매퍼(Hivemapper)라는 이름으로 솔라나에서 허니(Honey)라는 토큰을 발행해 운영하고 있습니다. 현재는 미국과 유럽 지역을 포함해 일본, 한국 등에서 활발하게 거리 매핑이 진행되고 있습니다.

▍ 하이브매퍼 거리 매핑 데이터

디핀의 작동 방식

디핀은 다른 네트워크와 비슷하게 물리적 인프라를 갖춘다는 특성을 가지고 있습니다. 물리적인 인프라는 디지털 기술과 연결해 효율성, 보안, 투명성을 향상시키면서 발전합니다. 디핀은 물류, 에너지, 데이터 등의 일상적인 분야에 분산화 원칙을 도입해 운영됩니다. 블록체인의 스마트 컨트랙트와 IoT(사물 인터넷)* 기술을 사용해 물리적 인프라 내에서 자동화된 실시간 상호작용을 가능하게 하죠.

> • IoTInternet of Things
> 인터넷에 연결된 여러 장치가 데이터를 수집, 교환하며 상호작용하는 기술. 디핀에서는 물리적 인프라와 IoT 기기가 연결되어 실시간 모니터링과 데이터 수집을 지원한다.

해당 시스템은 이러한 환경 덕분에 사람들의 요구에 빠르고 유연하게 대응할 수 있습니다. 어렵게 들릴 수 있는데, 쉽게 말하면 특수한 하드웨어나 소프트웨어를 이용해 개인 간 네트워크를 만드는 것입니다. 그리고 블록체인 간의 연결성이나 네트워크 형성은 각 프로젝트의 하드웨어나 소프트웨어가 담당합니다.

디핀 작동의 핵심적인 기능은 다음과 같습니다.

- **블록체인의 스마트 컨트랙트**: 디핀 프로젝트는 일반적으로 자동화와 관리, 보상 등에 대한 배분을 위해 스마트 컨트랙트를 활용한다.

- **IoT**: 하드웨어와의 연결을 위해 IoT 장치에 센서 등을 장착해 블록체인

네트워크와 연결할 수 있도록 한다. 일부는 컴퓨터의 하드웨어 등과 연동되기 때문에 따로 하드웨어가 없는 경우도 있다. 인터넷과 연결이 되면서 실시간으로 데이터를 수집하고 인프라를 모니터링하는 데 최적화된다.

- **분산형 프로토콜**: 디핀의 특징은 분산화된 네트워크다. 즉, 하나의 회사가 모든 네트워크를 유지하는 것이 아니라 수많은 개인이 네트워크를 운영하고, 네트워크 참여자들이 직접 관리하고 리소스를 할당하는 결정을 한다.

디핀의 가장 큰 장점은 특정 회사에 종속되어 만들어지는 네트워크가 아니기 때문에 외부의 공격에 비교적 안전하다는 것입니다. 개개인이 직접 참여할 수 있는 환경이 만들어지면서 기존의 리소스를 활용해 추가적인 보상을 받을 수 있는, 네트워크 형성에 기여할 수 있는 방법이 늘어날 수 있다는 것도 하나의 장점이죠.

유망한 디핀 코인의 종류

디핀에는 별도의 하드웨어를 이용해 참여하는 프로젝트와 기존에 활용되던 컴퓨터의 리소스를 이용해 만들어지는 네트워크가 있습니다. 이때 컴퓨터의 연산 능력, GPU의 연산 능력, 인터넷 대역폭, 데이터나 에너지 같은 실제 인프라 시스템에 블록체인 기술을 결합해 탈중앙화된 생태계와 네트워크를 만들어낼 수 있습니다.

- **저장 공간을 활용한 디핀**: PC에 있는 여유 저장 공간을 활용해 분산화 네트워크를 만들어가는 프로젝트. 파일코인(Filecoin)의 FIL이나 알위브(Arweave)의 AR이 이러한 저장 공간을 활용해 분산화된 클라우드를 만들어낸다. 쎄타 네트워크(Theta Network) 같은 프로젝트들은 자체적인 블록체인을 운영하면서 글로벌 비디오 스트리밍을 위한 네트워크 공간을 만들어간다.

- **하드웨어를 이용한 디핀**: 무선 네트워크를 만들어가는 헬륨이나 로드뷰를 위한 사진을 만들어내는 하이브매퍼 같은 프로젝트들은 특수 하드웨어 판매를 통해 네트워크를 만들어가고 있다. 하이브매퍼의 토큰은 허니이다.

- **연산 리소스를 활용한 디핀**: 머신러닝에 활용되는 비트텐서의 TAO나 3D와 AI 등에 활용될 수 있는 GPU 연산 능력 네트워크를 제공하는 렌더의 RNDR이 이에 해당한다.

디핀의 경우, 하드웨어를 활용한 투자 방법은 최초 하드웨어 비용이 있기 때문에 접근성이 쉽지 않다는 단점이 있습니다. 하지만 해당 프로젝트들의 가능성을 일찍 파악하고, 관련된 하드웨어를 통해 토큰 채굴을 빨리 진행한다면 그만큼 수익을 낼 수 있으므로 눈여겨볼 필요가 있습니다.

다만 디핀 프로젝트들의 경우, 성공적으로 론칭한 뒤 문제없이 자리를 잡은 프로젝트가 있는가 하면, 많은 기대감을 안고 시작했지만 결국엔 사장된 프로젝트도 있습니다. 디핀 프로젝트라 하더라도 사업 영속성을 위해서는 디핀에서 만들어지는 네트워크에 대한 실질적인 수요가 필요합니다. 따라서 디핀과 AI가 결합되어 운영되는 프로젝트들도 관심을 갖고 지켜볼 필요가 있습니다.

나는 디파이로
매달 월세 받는다

    디파이는 'Decentralized Finance'의 약자로, 탈중앙화 금융을 뜻합니다. 앞서 여러 번 이야기했듯 우리가 거래를 할 때는 보통 제3자의 도움을 받습니다. 은행 거래를 할 때는 은행이라는 제3자가 돈을 관리해 주고 일을 처리해 줍니다. 암호화폐 거래소를 이용할 때도 마찬가지로 제3자의 도움으로 거래를 하고, 블록체인상에서는 입금과 출금 정도만 이루어진다고 생각하면 됩니다.

    그러나 탈중앙화 금융은 제3자의 도움 없이 블록체인과 스마트 컨트랙트를 이용해 거래를 합니다. 이를 위해서는 디파이의 핵심인 DEX*, 즉 탈중앙화 거래소를 이해해야 합니다. 탈중앙화 금융의 유동성이 움직이는 것은 탈중앙화 거래소와 대출 플랫폼 등입니다.

> • DEXDecentralized Exchange
> 탈중앙화 거래소. 중앙화된 거래소와 달리 사용자가 직접 자산을 보유하며 거래를 할 수 있는 플랫폼이다.

유동성 제공으로 얻는 수수료 수익

주식 거래를 해본 적이 있는 사람은 오더북*을 통해 어떤 주식을 어떻게 살 수 있는지 이해할 수 있을 것입니다. 오더북이란, 사람들이 주식을 사고팔기 위해 내놓은 가격과 수량을 정리한 리스트라고 생각하면 됩니다. 일반 투자자들의 거래만 있을 때는 오더북이 촘촘하지 않고 가격 차이가 많이 나는 경우가 있습니다. 특히 거래자가 적을 때 이런 경우가 발생하는데, 이럴 때는 투자자들이 주식을 거래할 때 낮은 가격에 팔고, 높은 가격에 사야 하는 불편함이 생깁니다.

이러한 차이를 메꾸는 것은 유동성 공급자*들입니다. 이들은 오더북의 갭이 너무 벌어지지 않도록

> • 오더북Order Book
> 매수 및 매도 주문을 표시하는 시장 데이터의 집합. 주식시장에서는 주문과 함께 가격과 양이 기록된다.
>
> ------------------------------
>
> • 유동성 공급자Liquidity Provider
> DEX에서 거래를 하기 위해 자산을 제공하는 개인, 또는 기업. 거래 페어의 유동성을 유지하고, 이를 통해 수수료를 얻는다.

중간에 유동성을 채워주면서 지속적으로 거래를 하고, 이를 통해 수익을 만들어냅니다. 유동성 공급자는 보통 전문적인 기업 같은 곳에서 운영하면서 막대한 자금력을 바탕으로 원하는 곳에 유동성을 공급합니다. 암호화폐 거래소의 경우도 이러한 유동성 공급자들이 활동하면서 투자자들이 조금 더 쉽게 거래할 수 있는 환경을 조성합니다.

암호화폐 탈중앙화 금융의 시초 역시 일반적인 주식 거래와 같은 오더북 기반이었습니다. 문제는 초기 탈중앙화 거래소는 사용자가 적었으며, 거래량도 많지 않아 유동성 공급자가 따로 붙어 유동성을 공

급할 만한 메리트가 없었다는 것입니다. 그래서 탈중앙화 거래소들은 속도도 빠르고 사용하기 간편한 일반 중앙화 거래소에 비해 인기가 없었습니다.

그 이후 유니스왑이라는 거래소에서 새로운 시스템을 만들어냈습니다. 스마트 컨트랙트를 이용해 거래하는 코인들을 묶어 자동으로 유동성이 제공되도록 설계했죠. 이 기술은 AMM*이라 불렸으며, 탈중앙화 거래소의 혁신을 불러왔습니다. 투자자들은

> • AMM Automated Market Maker
> 자동 시장 유동성 공급자. 스마트 컨트랙트를 사용하여 자동으로 유동성을 제공하고 거래를 실행하는 시스템이다. 유니스왑 같은 DEX에서 사용된다.

AMM을 통해 만들어진 유동성을 통해 간편하게 거래를 할 수 있게 되었습니다. 또한 그 누구라도 원한다면 자신의 코인을 공급하고 유동성을 만들어 유동성 공급자로 활동할 수 있게 되었습니다.

자동으로 만들어지는 AMM의 유동성은 거래가 일어날 때마다 일정 부분의 수수료가 발생하는데, 이 수수료는 유동성을 공급하는 투자자들에게 돌아갑니다. 즉, 유동성을 제공하는 것만으로도 거래가 많고 볼륨이 많은 거래 쌍의 경우는 높은 수수료를 수익으로 가져갈 수 있는 구조가 되었죠. 직접적으로 유동성을 통해 매수·매도를 바탕으로 수익을 내야 하는 구조와 달리, 유동성을 공급하는 것만으로도 수수료 수익이 만들어졌습니다. 거래소에서 발생하는 수수료 중 일부가 AMM을 통해 유동성 공급자에게 자동으로 분배되는 것이죠.

탈중앙화 거래소들은 이러한 기술을 바탕으로 AMM을 통해 유동성을 공급해 줄 수 있는 투자자들을 모집하며 거래소의 규모를 늘려

나가기 시작했습니다.

더 많은 수익을 위한 거버넌스 토큰

탈중앙화 거래소, 즉 DEX에 AMM으로 유동성을 공급하고 받는 거래 수수료는 0.1~0.5%입니다. 다양한 탈중앙화 거래소의 등장으로 충분한 유동성을 유치하는 데 한계가 생기자 탈중앙화 거래소들은 사용자들에게 더 많은 수익을 주기 위해 거버넌스 토큰*을 발행하고, 이를 이용해 수익률을 높이기 시작했습니다. 거버넌스 토큰으로 유동성을 공급하는 사용자들에게 거래 수수료 외에 추가적으로 이익을 준 것이죠.

이러한 거버넌스 토큰은 이후 탈중앙화 거래소의 커뮤니티 형성과 더불어 충성도를 증대하고 장기적으로는 탈중앙화 거래소의 운영 방향을 결정하는 역할을 했습니다. 거버넌스 토큰을 추가적인 이자 수익으로 지급하면서 이자 농사*라는 형태의 디파이 금융 생태계가 발생했습니다.

그리고 각각의 탈중앙화 거래소는 자체적인 거버넌스 토큰을 위한 유동성을 만들면서 가장 높은 수익률을 제공

> **• 거버넌스 토큰**
> Governance Token
> 탈중앙화 거래소나 디파이 프로젝트에서 사용자들에게 제공되는 토큰. 거버넌스 결정에 참여하거나 추가적인 이익을 제공받을 수 있다.
>
> - - - - - - - - - - - - - - - - - - -
>
> **• 이자 농사** Yield Farming
> 디파이에서 자산을 예치하거나 대출을 하여 추가적인 수익을 얻는 전략. 주로 유동성 공급을 통해 거버넌스 토큰을 얻거나 수수료를 받는 방식으로 수익을 창출한다.

했습니다. 문제는 우후죽순 생겨난 탈중앙화 거래소들이 거버넌스 토큰을 찍고 사라지면서 투자자들이 피해를 보게 된 것입니다.

지금도 선물을 바탕으로 하는 탈중앙화 거래소와 일반 거래소는 여전히 거버넌스 토큰을 활용하고 있습니다. 하지만 거버넌스 토큰에 추가적인 유틸리티를 부여하는 것으로 인플레이션율을 조절하고자 하는 움직임이 대부분입니다. 거버넌스 토큰을 스테이킹함으로써 플랫폼의 거래 수수료 중 일부를 제공하거나 락업을 통해 추가적인 거버넌스 토큰을 바탕으로 수익률을 늘리는 방식을 사용하고 있습니다.

가장 대표적인 거버넌스 토큰은 유니스왑의 유니입니다. 유니스왑은 처음부터 거버넌스 토큰을 발행하지 않고 성공적으로 유동성을 모집했습니다. AMM을 개발한 핵심 주최인 것도 한몫했죠. 그리고 운영이 어느 정도 안정화되자 그동안 유니스왑에 유동성을 제공한 투자자들에게 유동성 제공 비율과 기간에 따라 일정 부분의 유니 토큰을 에어드랍을 통해 무료로 제공했습니다.

디파이를 통해 수익 얻는 다양한 방법들

탈중앙화된 금융인 디파이에서 자산을 늘리는 방법은 매우 다양하며, 그에 따른 리스크도 각각 다릅니다. 그렇다면 중앙화 거래소와의 가장 큰 차이는 무엇일까요? 디파이는 자산을 자신의 개인지갑에 보관하고 직접 참여를 합니다. 자산을 예치한 뒤 해당 거래소를 믿고 거래하는 중앙화 거래소와 달리, 스마트 컨트랙트를 기반으로 직접 지갑을 연결해 자산을 이동시키는 것이죠.

이때 스마트 컨트랙트의 불안전성, 해킹의 가능성, 프로젝트 주최의 신뢰성 등으로 인한 자산의 일부, 혹은 전체 손실의 위험도 분명 존재합니다. 따라서 디파이를 통해 직접 자산을 관리하고 탈중앙화 금융에 참여하고자 한다면 리스크를 확실하게 인지할 필요가 있습니다. 냉철한 시각으로 바라보아야 중앙화 거래소에서 매수·매도만을 통해 얻을 수 없었던 투자 기회가 눈에 들어올 것입니다.

스테이킹

비트코인과 같은 블록체인이 하드웨어 연산 능력을 바탕으로 한 작업 증명 방식을 사용한다면, 대부분의 스마트 컨트랙트를 사용하는 블록체인은 자산의 크기에 따른 지분 증명 방식을 지원합니다. 즉, 자신의 자산을 제공해 주고 블록체인에서 블록을 검증하면서 발생하는 블록체인 보상을 받을 수 있게 되는 것이죠. 일반적으로 이러한 행위를 '스테이킹'이라 부르며, 이더리움, 솔라나 등 대표적인 블록체인들은 이러한 스테이킹을 지원합니다.

물론 일부 중앙화 거래소에서도 자산을 위임해 대신 스테이킹을 해주는 기능 등을 지원하지만, 수수료 등으로 인해 직접 스테이킹을 하는 것보다는 수익률이 떨어지기 마련입니다. 일반적으로 블록체인 검증을 위한 PoS 스테이킹의 경우, 2~6% 정도의 연간 블록 검증 보상이 발생합니다. 이는 자산에 장기적으로 투자할 때 안정적으로 수량을 늘리기 위해 많이 사용되는 방식입니다.

스테이킹은 각 체인별로 접근하는 방식이 조금씩 다릅니다. 대표적으로 이더리움의 경우, 대부분의 중앙화 거래소에 이더리움 스테이킹 메뉴가 있습니다. 이때 중앙화 거래소는 거래소에 있는 이더리움을 대신 스테이킹해준 뒤 수수료를 받습니다.

디파이에서 직접 스테이킹을 하는 경우, 이더리움은 최소 필요한 수량이 32개 ETH이기 때문에 보통은 라이도(lido.fi) 같은 곳에서 유동성 스테이킹을 대신하게 됩니다. 라이도는 사용자가 이더리움과 같은 암호화폐를 탈중앙화 방식으로 스테이킹할 수 있도록 도와주는 플랫폼으로, 사용자들은 직접 노드를 운영하지 않고도 스테이킹에 참여하여 보상을 받을 수 있으며, 스테이킹한 자산에 대해 유동성을 제공하는 토큰을 받을 수 있는 특징이 있습니다. 유동성 스테이킹은 스테이킹 시 묶은 자산이 더 이상 유동화되지 않는다는 문제가 있는데, 라이도는 스테이킹한 수량만큼의 보증 토큰을 따로 지급해 줍니다. 즉, 라

이도에서 ETH를 스테이킹하면 담보 토큰으로 stETH라는 토큰을 지급해 주죠. stETH는 다른 디파이에서 활용하거나, 급할 경우 탈중앙화 거래소에서 스왑해 다시 ETH로 바꿀 수 있습니다.

라이도 같은 곳은 32개 ETH

┃ 스테이킹 플랫폼 라이도

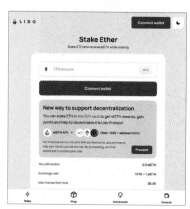

가 아닌 원하는 수량의 ETH를 스테이킹할 수 있도록 지원해 줍니다. 이 보증 토큰은 거래가 되기 때문에 스테이킹을 하면서도 필요에 따라 다시 유동화할 수 있다는 장점을 가지고 있습니다. 솔라나 같은 블록체인의 경우, 대표적으로 사용하는 팬텀(Phantom) 지갑 내에 스테이킹 메뉴가 따로 존재해 비교적 쉽게 스테이킹이 가능합니다. 솔라나 같은 블록체인에서 스테이킹을 하기 위해서는 우선 원하는 만큼 솔라나를 선택한 뒤 스테이킹하고자 하는 밸리데이터*를 선택해 스테이킹을 진행하면 됩니다.

> • 밸리데이터Validator
> 스테이킹 운영자. 거래의 유효성을 검증하고 새로운 블록을 생성한다.

　이외의 블록체인들도 스테이킹을 위해 개별적으로 서비스 홈페이지나 허브를 운영합니다. 대부분은 해당 블록체인의 공식 홈페이지에서 정보를 찾을 수 있습니다. 블록체인의 특징에 따라 다르지만, 스테이킹해 자산이 묶이면 다시 찾고자 할 때 3~30일 정도의 기간이 걸린다는 점을 유의해야 합니다.

| 팬텀 지갑 스크린샷

이자 농사

　이자 농사는 영어로 일드 파밍(Yield Farming)이라고 부릅니다. 이는 은행에 예금을 하거나 예치 등을 해서 이자를 받는 것과 비슷하게 탈중앙화 플랫폼에 자산을 예치하거나 대출하고 이자를 받는 형태입니다. 은행에 예금이나 예치를 원화로 할 때 이자 역시 원화로 받는 것과는 달리, 암호화폐의 일드 파밍의 경우는 이자를 암호화폐로 지급하게 됩니다. 이때 이자로 지급되는 암호화폐는 예치했던 것과 같은 암호화폐인 경우도 있고, 아예 다른 종류의 암호화폐를 이자로 주는 경우도 있습니다.

암호화폐 이자 농사의 경우 일반적인 예치를 통해서 받을 수 있는 이자 외에 탈중앙화 거래소에서 유동성 마이닝*을 통해서 받을 수 있는 이자가 존재합니다. 보통 주식 거래소라고 하면 일반 투자자들이 주식을 사고팔기만 하는 것을 떠올리지만, 주식 시장의 경우도 누군가는 거래가 원활하게 될 수 있도록 유동성을 제공하는 일을 하고 있습니다. 탈중앙화 거래소는 자동 유동성 제공 기술(AMM)을 이용해서 사용자들이 직접 유동성을 제공할 수 있는 기능이 있습니다. 유동성을 제공하는 사용자들의 경우는 탈중앙화 거래소에서 거래가 될 때 거래 수수료를 받게 됩니다. 이렇게 형성된 유동성을 유동성 풀*이라고 부릅니다. 하지만 희귀한 토큰이나 유동성이 많이 모이지 않는 유동성의 경우에는 수수료만으로는 충분한 유동성 제공자들을 모집하기 어렵기 때문에 유동성을 제공하는 사용자들에게 추가적인 리워드, 즉 이자를 제공하는 것입니다. 보통 이런 추가적인 이자 제공의 경우는 해당 탈

• 유동성 마이닝Liquidity Mining
사용자가 디파이 플랫폼에 자산을 예치하여 유동성을 제공하고, 그 대가로 보상 토큰을 받는 투자 전략

• 유동성 풀Liquidity Pool
두 가지 이상의 자산을 묶어 유동성을 제공하는 스마트 계약

중앙화 거래소에서 직접 제공하고 있는 거버넌스 토큰과 같은 자산을 이자로 제공을 합니다.

예를 들면 이더리움에서 변동성이 적은 토큰들을 묶어서 유동성을 제공하는 것이 특징인 커브(Curve)가 있습니다. 커브에 유동성을 제공하게 될 경우 거래 수수료 뿐만 아니라 일부 유동성의 경우는 커브의 거버넌스 토큰인 CRV 토큰도 추가 보상으로 받을 수 있습니다. 이는 커브라는 탈중앙화 거래소가 특히 유동성을 더 많이 모집하고자 하는 곳에 자신들의 거버넌스 토큰을 보상으로 제공하는 것입니다.

▎이자 농사가 가능한 커브

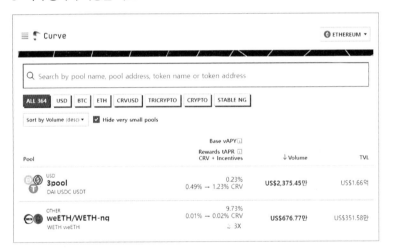

새로운 블록체인의 신규 탈중앙화 거래소일수록 이자 농사를 제공하면 초기에 지급하는 이자율은 높으나 그만큼 새롭기 때문에 리스크가 존재합니다. 또한 높은 인플레이션으로 인해 시간이 지나면 이자

로 지급하는 토큰의 가격이 크게 하락하는 경우가 많습니다.

런치패드와 IDO

주식의 경우 일반인들이 쉽게 거래를 하기 위해서는 주식시장에 상장이 되어 있어야 합니다. 상장이 되어 있지 않을 경우에는 개인 간의 거래를 하는 등 절차가 복잡해집니다. 이렇게 주식이 상장하는 절차를 IPO라고 부릅니다. 암호화폐 생태계에도 코인이나 토큰이 상장이 되어야 쉽게 거래가 될 수 있습니다. 다만 주식 시장과의 차이점은 주식 시장과 비슷한 중앙화 거래소의 상장과 주식 시장에는 존재하지 않는 사용자들이 만들어내는 탈중앙화 거래소의 상장이 있다는 것입니다.

사실 상장을 하는 가장 중요한 이유는 일반인들이 거래를 하기 시작하면서 유동성이 형성될 수 있기 때문입니다. 유동성이 형성된다는 것은 자산을 사고파는 사람들이 많아져서 원하는 때에 쉽게 거래가 가능해지고, 자산을 현금으로 바꾸거나 다른 자산으로 교환하기가 쉬워지는 상태를 말합니다.

암호화폐 생태계에는 토큰을 처음으로 공개적으로 일반인들에게 판매하는 행위에 대한 다양한 방식과 이름이 존재합니다. 각 형태에 대한 특징들을 하나씩 알아보도록 하겠습니다.

• IDOInitial DEX Offering
탈중앙화 거래소에서 진행되는 초기 토큰 판매. ICO의 탈중앙화 버전으로, 가장 큰 차이점은 판매 후 AMM을 통해 유동성이 제공된다는 점이다.

IDO*: 탈중앙화 거래소에서 처음

으로 일반인들에게 공개적으로 토큰이나 코인을 판매하는 것입니다. 보통 탈중앙화 거래소에서 직접 운영하는 특징을 가지고 있습니다. IDO의 경우는 보통 누구나 참여는 할 수 있으나, 특정 조건을 만족해야만 구매가 되는 제한사항들을 두기도 합니다. 예를 들어서 IDO의 토큰을 구매하려면 IDO를 진행하는 탈중앙화 거래소의 거버넌스 토큰을 일정 수량 가지고 있어야 한다거나, 아예 구매를 다른 토큰이 아닌 탈중앙화 거래소의 토큰으로 지불해야 하는 등의 제한이 있습니다. IDO를 진행하는 프로젝트의 경우는 중앙화된 규제나 제한에 영향을 받지 않고 스마트 컨트랙트를 기반으로 투자금을 모집한 뒤 이후에 론칭했던 탈중앙화 거래소에 유동성을 제공한다는 특징이 있습니다. 특히 해당 코인이나 토큰에 대한 수요가 IDO에서 제공되는 세일즈 수량보다 높을 경우에는 론칭 이후에 가격이 판매 가격 이상으로 거래될 가능성이 있습니다.

런치패드[*]: 런치패드는 탈중앙화 형태로 진행되기도 하고 중앙화 거래소에서 진행하기도 합니다. 같은 용어인 런치패드를 사용하지만 사실상 진행 형태는 플랫폼별로 다른

• 런치패드Launchpad
새로운 암호화폐 프로젝트를 위한 초기 판매를 지원하는 플랫폼. 거래소나 런치패드 전용 플랫폼에서 제공되며, 초기 판매 조건이나 투자 금액 기준을 설정하여 투자자를 모집한다.

경우가 많습니다. 공통적인 특징은 런치패드 역시 최초로 일반인들에게 토큰이나 코인 구매가 가능하도록 하는 플랫폼이라는 것입니다. 런치패드의 경우는 IDO와는 다르게 참여자의 국가에 따른 제한이 있

을 수 있습니다. 특히 중앙화 거래소에서 진행하는 런치패드의 경우
는 사용자의 체류지에 따라서 참여 제한을 두는 경우가 있습니다. 또
한 해당 플랫폼의 토큰을 가지고 있어야 한다거나, 투자금이 얼마 이
상이어야 한다는 등의 조건이 붙어 투자 수요를 컨트롤합니다.

▌ 런치패드가 가능한 플랫폼 다오메이커

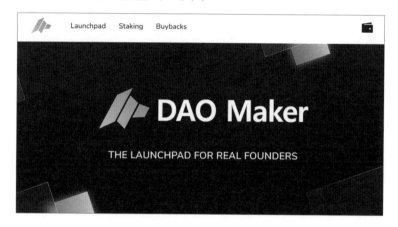

런치패드의 경우, 신규로 생성되는 블록체인 생태계 내에서 많이
만들어집니다. 새로운 블록체인이 만들어지면 블록체인에서 필수적
으로 필요한 탈중앙화 거래소 같은 곳들도 새롭게 만들어지는 경우가
많고, 이런 신규 프로젝트들은 자신들만의 토큰도 같이 론칭하기 때
문입니다. 신규 체인의 런치패드에서 주의해야 할 것은 신규 블록체
인에서도 대표적으로 정착되는 인프라 프로젝트들이 정해져 있다는
것입니다. 따라서 해당 블록체인 재단에서 직접적으로 지원하는 배경
정보 등을 세심하게 살펴보아야 합니다.

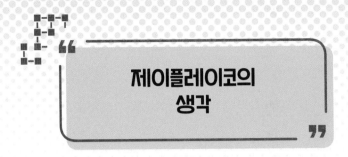

디파이를 통한 자산 증식은 중앙화 거래소에서 매수·매도로만 제한되었던 시장 참여 방식을 완전히 바꿀 수 있습니다. 유동성 공급을 통해 장기적인 이자 수익을 만들어내거나, 거래가 아닌 초기 토큰 투자나 예치 등을 통해 자산 증식이 이루어질 수 있기 때문입니다.

암호화폐 자산이 많아질수록 자산을 단순히 거래를 위한 용도가 아닌, 지속적으로 증가할 수 있는 '일하는 자산'으로 변환하기 위해선 디파이 이용이 필수입니다. 특히 새로운 블록체인이 생겨 디파이 생태계가 새롭게 구성되는 경우에는 그만큼 다양한 기회가 발생하므로 지속적으로 학습하며 디파이를 활용한다면 특별한 거래를 하지 않고도 자산을 늘려 나갈 수 있습니다.

공짜로 코인 받는
에어드랍 이해하기

암호화폐가 적은 투자금으로 자산을 만들기 좋은 이유 중 하나는 에어드랍*이 존재하기 때문입니다. 에어드랍이란, 하늘에서 어떠한 물건이 내려오듯 토큰을 무료로받는 것을 뜻합니다. 이러한 무료 토큰이나코인은 마케팅 활동의 일환입니다. 화장품

가게 직원들이 거리를 걸어가는 사람들에게 무료로 화장품 샘플을 건네며 매장 안으로 안내하는 모습을 본 적이 있을 것입니다. 마케팅 비용을 이용해 사용자에게 보상을 주고 자신들의 상품을 사용하도록 유도하는 것이죠. 암호화폐 시장에서는 이와 같은 보상을 코인으로 줍니다.

에어드랍으로 토큰이나 코인을 모을 수 있는 방법은 매우 다양하

며, 시간이 지남에 따라 그 형태가 변하고 있습니다. 지금부터 가장 전통적인 에어드랍의 형태부터 진화되고 있는 형태까지 살펴보도록 하겠습니다.

사용자 참여를 통한 에어드랍

마케팅 활동의 일환으로, 프로젝트를 최대한 많은 사람이 알게 하고, 직접 사용해 볼 수 있도록 하는 방법입니다. 이메일 주소를 물어보는 것부터 시작해 프로젝트의 베타(시험 버전)를 직접 사용해 보게 하는 것까지 방법은 매우 다양합니다. 이러한 방법의 특징은 자금을 들이지 않고 참여가 가능하다는 것입니다. 예를 들어, SNS에서 특정 프로젝트를 팔로우하고, '좋아요'를 누르고, 친구를 초대하는 등의 미션을 수행하는 것만으로도 에어드랍 이벤트에 참여할 수 있습니다.

에어드랍 이벤트는 정확하게 특정 행동을 했을 때 어느 정도의 보상이 있는지 알려주지 않는 경우가 많습니다. 이는 전반적인 에어드랍 마케팅의 특징이라 할 수 있습니다.

2018년까지만 해도 자본 없이도 진행할 수 있는 에어드랍의 영역이 훨씬 넓었습니다. 예를 들어, 2018년 스팀이라는 블록체인에서 론칭한 헌트 프로젝트는 전체 생태계의 50%에 해당하는 수량을 에어드랍하기로 결정하고 마케팅을 진행했습니다. 그 당시에는 매우 파격적인 조건이었죠. 이후 많은 사용자가 블록체인상에서 적극적으로 미션

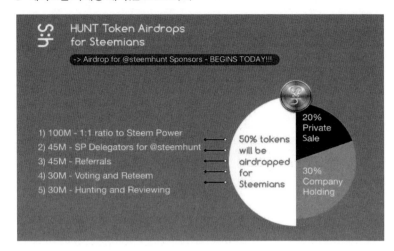

을 수행해 무료로 '헌트(HUNT)'라는 토큰을 수령했습니다. 이 토큰은 한국 주요 거래소 등에 상장되어 아직까지도 활발하게 거래되고 있습니다.

하지만 이제는 이벤트에 참여하는 것만으로 많은 에어드랍을 받는 것이 어려워지고 있습니다. 왜일까요? 각 프로젝트가 마케팅 비용을 들여 토큰을 에어드랍할 때 가능하면 충성 고객을 만들어 운영하고자 하는데, 일회성 이벤트로는 충성 고객을 만들기 어렵기 때문입니다.

자금 사용을 바탕으로 한 에어드랍

최근 프로젝트들은 SNS 미션형이나 마케팅 미션형 참여를 통한 에어드랍에는 많은 수량을 할당하지 않거나 아예 할당 없이 진행하는 경우가 많습니다. 실제 블록체인이 아닌 테스트 블록체인에서 프로젝트를 운영할 때는 사용자들이 미리 제품을 블록체인상에서 사용해 볼 수 있도록 유도하고, 적극적으로 참여한 사용자들에게만 에어드랍 수량을 할당하는 방법을 사용하는 경우가 많습니다. 또한 실제로 제품을 론칭한 뒤 제품을 꾸준히, 제대로 사용한 사용자들에게 토큰을 에어드랍하는 방법을 사용하는 곳도 있죠.

예를 들어, 2024년 W 토큰을 에어드랍한 웜홀(Wormhole)은 블록체인 간에 호환되지 않는 토큰이나 코인을 연결해 주는 브릿지*를 운영했는데, 수년간 제품을 운영한 뒤 W 토큰을 에어드랍했습니다. 여기서 브릿지란, 예를 들어 이더리움 체인에서 자산을 완전히 다른 생태계인 솔라나 체인으로 이동하고자 할 때 사용하는 탈중앙화된 코인 전송 플랫폼이라고 생각하면 됩니다. 웜홀은 그동안 브릿지를 이용하여 자산을 이동시킨 사용자들을 선별해 자산 규모에 따라 차별적으로 코인을 에어드랍하기도 했습니다.

> • 브릿지Bridge
> 블록체인 간 자산을 이동시키는 플랫폼. 서로 다른 블록체인 네트워크 간에 안전하게 자산을 전송하는 메커니즘을 포함한다.

이와 같이 실제로 디파이에서 사용되는 프로토콜들은 자신의 프로토콜에 유동성을 제공하거나 자산을 활용해 실질적인 트랜잭션을 만들어내는 사용자들에게 자신의 토큰을 에어드랍하는 형태로 발전해 가고 있습니다.

포인트와 예치로 넘어가는 에어드랍

자신의 자산을 이용해 에어드랍 활동에 참여할 경우 가장 답답한 것은 정확히 언제 에어드랍으로 이어질지 모른다는 점입니다. 시간과 자산을 들여 활동에 참여했는데 에어드랍 여부를 알지 못하면 속이 터질 수밖에 없죠.

이러한 현상을 방지하고자 요즘 자산을 예치하거나 프로젝트를 이용하면 직접적으로 에어드랍할 수량을 알려주지는 않지만, 포인트를 모아 일부라도 자신의 에어드랍 비율을 느낄 수 있게 하는 경우가 많습니다. NFT 마켓플레이스 블러(Blur)의 이더리움 레이어2 블록체인인 블라스트(Blast)도 긴 기간 동안 탈중앙화 앱*, 즉 디앱(DApp)을 사용하거나 자산을 예치할 경우, 지속적으로 점수나 포인트를 주는 형태로 자신이 받을 수 있는 에어드랍을 시각화하고, 이후에 최종적으로 에어드랍을 실시했죠. 또한 스테이킹한 이더리움을 다시 스테이킹할 수 있는 리스테이킹 플랫폼 아이겐레이어(Eigenlayer)는 아이겐레이어를 활용하는 다양한 플랫폼에 자산을 예치할 경우, 아이겐레이어의 포인트와 아이겐레이어를 활용한 플랫폼의 포인트까지 모을 수 있는 다중 포인트 에어드랍 제도를 활용했습니다.

> **• 탈중앙화 앱**
> Decentralized Application, DApp
>
> 블록체인 네트워크에서 동작하는 애플리케이션. 중앙 서버 없이 운영되며, 데이터 저장과 처리가 블록체인 네트워크에 분산되어 있다. 디앱이라고도 부른다.

▎ 에어드랍을 시각화한 블라스트

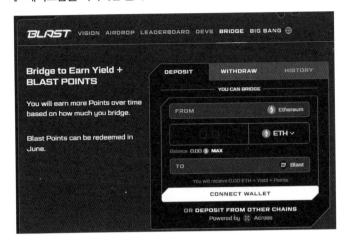

▎ 다중 포인트 에어드랍을 실시한 아이겐레이어

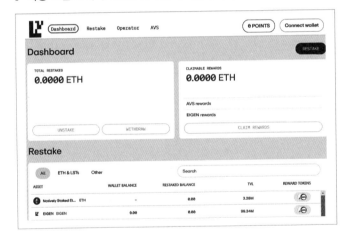

아직 기회는 있다

큰 수익을 볼 수 있는 에어드랍들은 대부분 해당 프로젝트를 이용하면서 예치한 자산의 규모에 비례에 수익을 얻을 수 있도록 설계되어 있습니다. 또한 마케팅의 일환으로 친구 추천을 통해, 혹은 자신의 레퍼럴 링크*를 통해 자산을 예치하거나 참여할 경우 추가적으로 에어드랍을 할당하는 경우도 있습니다.

> • 레퍼럴 링크Referral Link
> 새로운 사용자가 서비스에 가입하거나 특정 활동을 할 때 원래 사용자가 제공하는 고유 링크. 이를 통해 보상을 받을 수도 있다.

2024년 디핀 프로젝트이면서 AI를 결합한 그래스(Grass)라는 프로젝트의 경우, 간단한 플러그인 설치와 함께 PC를 인터넷에 연결하는 것으로 에어드랍 포인트를 모을 수 있습니다. 또한 대부분의 암호화폐 프로젝트는 X(구 '트위터')나 디스코드(Discord) 같은 SNS 플랫폼에서 커뮤니티를 운영하면서 커뮤니티 활성화를 위해 열심히 참여하는 커뮤니티원에게 프로젝트 론칭 전에 혜택을 제공하기도 합니다.

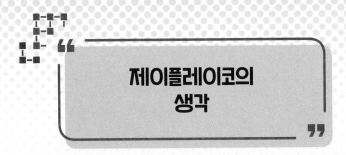

에어드랍은 유동성이 풍부해지는 암호화폐 상승장 때 가장 활발하게 진행됩니다. 하지만 자금을 이용한 에어드랍은 상승장이 아닌 하락장과 횡보장 때부터 준비를 시작해야 합니다. 코인이나 토큰 상장은 대부분 상승장 때 이루어지기 때문이죠. 따라서 하락장과 횡보장 때도 꾸준하게 에어드랍에 대해 공부해야 상승장 때 원하는 결실을 맺을 수 있습니다.

공부를 어떻게 해야할지 모르는 경우에는 우선 가장 많은 암호화폐 정보가 있는 X(구 '트위터')와 텔레그램에서 팔로우할 만한 사람과 채널을 찾아야 합니다. 구글을 통해서 '주요 크립토 트위터'나 '암호화폐 텔레그램 채널' 등과 같은 키워드로 검색하여 첫 채널들을 찾을 수 있습니다. 이후에 X의 검색 기능을 이용해서 추가적인 채널을 찾을 수 있습니다. 텔레그램의 경우는 첫 채널들을 찾고 나면 채널 내에서 다른 주요 채널에서 전달된 메시지를 보고 채널들을 추가하면 됩니다.

CHAPTER 4.

코인 실전 투자 전략

코인 가격,
얼마까지 오를까?

암호화폐의 가격은 여러 요인에 의해 결정됩니다. 따라서 각 요인의 영향과 상관관계를 이해할 필요가 있습니다. 여기에는 총발행량, 코인의 생태계를 결정하는 토크노믹스, 토큰이 시장에 나오는 배포 일정을 비롯해 암호화폐 커뮤니티의 중요성이 포함됩니다. 그리고 무엇보다도 유동성에 대한 이해를 통해 코인의 가격을 예측하는 방법을 알아둘 필요가 있습이다. 지금부터 하나하나 살펴보도록 합시다.

코인의 가격을 결정하는 것들

총발행량*

암호화폐를 살펴볼 때 보통 가장

> • 총발행량Total Supply
> 특정 암호화폐가 최대 몇 개까지 발행될 수 있는지를 뜻한다.

처음 보는 것은 총발행량입니다. 예를 들어, 비트코인의 경우 총발행량이 2100만 개로 제한되어 있으며, 반감기라는 이벤트를 통해 약 4년마다 발행량이 줄어드는 형태의 토크노믹스를 가지고 있습니다. 반면 이더리움이나 도지코인, 트론 같은 경우에는 제한 없이 무한대로 발행이 가능합니다.

최대 발행량이 정해져 있다는 건 금과 마찬가지로 자원이 한정되어 있다는 의미입니다. 반대로 무한 발행이 가능하다는 건 우리가 사용하는 원화나 달러와 같은 화폐처럼 지속적인 인플레이션이 가능하다는 뜻입니다.

각 암호화폐가 가지고 있는 총발행량의 크기는 프로젝트마다 상이합니다. 앞서 이야기했듯 비트코인의 총발행량은 2100만 개인데, 이는 다른 암호화폐들의 총발행량과 비교했을 때 비교적 적은 편입니다. 대부분 암호화폐의 총발행량은 비트코인의 총발행량보다 많으며, 보통 몇억 개에서 몇백억 개 사이에서 결정됩니다. 총발행량이 특히 높은 암호화폐는 밈코인입니다. 밈코인은 코인당 가격이 낮아 적은 금액으로도 매도와 매수를 할 수 있다는 장점을 가지고 있습니다.

밈코인처럼 총발행량이 높은 코인들의 경우, 코인당 가격이 낮은 만큼 적은 투자금으로도 많은 코인을 살 수 있습니다. 그만큼 유동성 깊이에 따라 개별 코인의 가격이 아주 조금만 움직여도 포트폴리오의 전체 수익이 변할 수 있다는 특징이 있죠. 물론 가격이 상승하면 코인의 수량이 많은 만큼 수익성도 높아질 수 있지만, 반대 방향으로도 작용한다는 것을 잊어서는 안 됩니다. 즉, 변동성이 높아질 수 있는 특

▌ 총발행량에 따른 코인의 특징

구분	총발행량이 높은 코인	총발행량이 낮은 코인
예	도지코인, 시바이누	비트코인, YFI
가격	개당 가격이 낮음	개당 가격이 높음
유동성	거래 볼륨이 높을 수 있음	거래 볼륨이 낮을 수 있음
접근성	높음	낮음
희소성	낮음	높음
가격 변동성	적은 금액의 매수·매도로 큰 변동 가능	비교적 높은 거래 가격 형성 가능

징을 가지고 있는 만큼 포트폴리오의 크기가 빠르게 축소될 수도 있다는 의미입니다.

유통공급량*

유통공급량은 총발행량에 대비해 최대로 공급 가능한 코인의 수가 아

> • 유통공급량Circulating Supply
> 현재 시장에 유통되고 있는 코인의 수

닌, 실제로 현재 유통되어 접근이 가능한 코인이나 토큰의 수를 나타냅니다. 이는 암호화폐 가격을 결정하는 매우 중요한 요소 중 하나입니다. 유통공급량은 실제로 시장에서 거래되고 있는 토큰만 포함하기 때문에 유통공급량의 변화에 따라 시장에서 발생할 수 있는 매도나 매수 압력이 달라질 수 있습니다.

유통공급량을 생각할 때는 변화될 수 있는 요인을 파악하는 것도 중요합니다. 비트코인처럼 명확한 법칙으로 약 4년마다 반감기를 가지는 형태로 유통공급량이 변하는 코인이 있는가 하면, 프로젝트에서 토크노믹스를 기준으로 락업을 걸었다가 단계적으로 풀어주는 경우도 있습니다.

보다 쉽게 이해할 수 있도록 비트코인을 예로 들어보겠습니다. 비트코인은 재단이나 팀 등을 위해 할당된 코인이 전혀 없고, 블록체인상에서 블록을 검증할 때 규칙적으로 발행됩니다. 비트코인 블록체인이 1개의 블록을 생성하는 데 10분 정도의 시간이 소요되는데, 최근 반감기인 2024년 4월부터는 10분마다 3.125개의 비트코인이 채굴자들에게 보상으로 지급되고 있습니다. 하루에 약 450개의 비트코인이 지급되는 셈입니다. 다음 비트코인 반감기가 예정되어 있는 2028년 4월부터는 절반인 하루 약 225개의 비트코인이 지급되죠. 이처럼 매우 간단하면서도 투명하게 발행량이 바뀝니다.

다른 종류의 코인들은 프로젝트 팀이나 생태계를 위해 코인 수량을 점진적으로 푸는 경우도 있습니다. 예를 들어, 초기 투자를 한 벤처캐피털*이 받는 토큰은 상장 후 1년 동안 락업을 걸고 이후에 1~2년에 걸쳐 조금씩 풀리는 등의 형태로 시장에 나옵니다.

> • 벤처캐피털Venture Capital
> 고위험·고수익을 기대하며 프로젝트 등에 투자하는 자본

유통공급량은 락업이 걸렸다가 한 번에 풀리는 수량이 있을 경우, 시장 유동성에 비해 매도되는 코인이나 토큰이 많아질 수 있어 가격

적으로 압력이 가해질 수 있다는 특징을 가지고 있습니다. 예를 들어, 벤처캐피털에서 투자해 1년의 락업 이후 토큰이 풀리고 시장에서 매도가 가능하게 되면 벤처캐피털이 매수했던 가격에 비해 시장에서 거래되고 있는 가격이 더 높을 때는 매도를 해 수익을 낼 수 있기 때문에 시장에 영향이 갈 정도의 매도 수량이 나올 수 있는 상황이 발생합니다.

토크노믹스

코인이나 토큰을 최초로 유통하는 경우에는 운영사에서 관련 토큰에 대한 토크노믹스를 공개하는 것이 일반적입니다. 토크노믹스는 '토큰(Token)'과 '이코노믹스(Economics)'를 합친 용어로, 토큰 경제를 의미합니다. 즉, 토큰의 배분과 유통 과정 등까지 포함하는 개념입니다.

보통 벤처캐피털 등에서 펀딩을 받았을 때는 토크노믹스에 세일즈 물량이 포함되어 있습니다. 일반적으로 세일즈 물량은 전체 토큰 수량 중 5~20% 사이에서 배정됩니다. 세일즈 물량에는 벤처캐피털에서 펀딩을 통해 받는 수량뿐 아니라 최초 상장 전에 일반에도 판매되는 런치패드나 ICO 같은 물량이 포함될 수도 있습니다. 그리고 프로젝트에서 팀원들과 프로젝트 자체를 위해 배분해 두는 팀 물량도 있습니다. 이 역시 5~20% 사이에서 배정됩니다. 팀 물량은 프로젝트를 만들어가고 있는 팀원들에게 나누어 주기도 하고, 일부는 프로젝트 운영을 위해 미래의 자원으로 배정해 두기도 합니다. 이외에 프로젝트의 유틸리티를 위한 배분이나 보상을 위한 부분들을 지정하게 되는 경우도 있습니다.

토크노믹스를 들여다볼 때 주의해야 할 것은 세일즈 물량 외에 실제로 프로젝트 팀에서 운영하는 물량에 대한 부분입니다. 토크노믹스 상에서 팀 물량이라고 언급되어 있는 부분 외에도 예를 들어, 오퍼레이션이나 파운데이션 등의 명칭으로 관리되는 토큰 배분은 사실상 프로젝트 팀에 할당되어 운영되기 때문입니다.

물론 토큰이나 코인이 론칭되면 초기에는 팀에 할당되어 관리되는 분량이 높을 수밖에 없습니다. 하지만 어느 정도 안정화가 되었을 때도 프로젝트가 지나치게 많은 토큰을 컨트롤할 경우에는 그에 따른 리스크가 발생할 수도 있습니다.

주요 투자자와 벤처캐피털의 역할

코인 투자 시 새로운 프로젝트에 투자할 경우 관련된 투자자나 벤처캐피털을 들여다봐야 하는 이유는 무엇일까요? 그들의 투자 전략을 이해하면 그 답을 알 수 있습니다. 벤처캐피털은 자금을 투자하면 보통 10개 중 9개가 실패하고, 1개가 몇백 배의 수익을 내며 이익을 만들어갑니다. 투자하는 자금에 대한 리스크가 높은 대신 성공할 경우 투자에 대한 회수율이 높은 것이 일반적입니다. 다만 일반 지분 투자를 통해 투자하는 벤처캐피털의 경우에는 투자금을 회수하기까지 최소 5년, 최대 10년 정도가 소요됩니다. 투자사들은 보통 단계별로 투자를 진행합니다. 이 단계는 시드(Seed) 라운드, A라운드, B라운드

▌ 크립토 벤처캐피털 회사 상위 25곳

Rank	Firm	Crypto Investments	Crypto Fund Size	Location
1	Coinbase Ventures	355	$1,500,000,000	SF
2	Digital Currency Group	332	$600,000,000	NYC
3	NGC Ventures	265	$400,000,000	Singapore
4	AU21 Capital	258	$300,000,000	SF
5	Animoca Brands	257	$1,500,000,000	Hong Kong
6	Hard Yaka	250	$500,000,000	Tahoe
7	Hashed	250	$620,000,000	Seoul
8	Pantera	247	$2,523,000,000	SF
9	Shima Capital	229	$200,000,000	SF
10	ConsenSys Mesh	200	$800,000,000	DC
11	LD Capital	198	$225,000,000	Beijing
12	A16Z Crypto	173	$7,565,000,000	SF
13	Binance Labs	169	$7,500,000,000	Hong Kong
14	Polychain	169	$1,700,000,000	SF
15	Moonwhale	168	$150,000,000	Singapore
16	Genblock Capital	160	$500,000,000	SF
17	Digital Finance Group (DFG)	156	$1,000,000,000	Singapore
18	Kosmos Ventures	146	$350,000,000	Perth
19	Hashkey Capital	145	$600,000,000	Hong Kong
20	Signum Capital	143	$36,000,000	Singapore
21	Genesis Block Ventures	139	$100,000,000	Cayman
22	Blockchain Capital	138	$1,800,000,000	SF
23	Big Brain Holdings	134	$160,000,000	LA
24	Dragonfly	133	$925,000,000	SF
25	CMS Holdings	132	$264,000,000	NYC

출처: 인베스트먼트 카운트(Investment Count), 2024년 4월 기준

등으로 나뉘며, 각 단계마다 회사의 가치를 다시 평가하게 됩니다. 회사가 성장할수록 가치가 높아지고, 투자사들은 이를 확인한 후 추가 투자를 결정합니다. 최종적으로 스타트업이 상장하면 그때 투자자들은 투자금을 회수하고 수익을 얻을 수 있게 됩니다.

암호화폐도 회사 지분에 투자하는 방식이 있지만, 보통은 코인이나 토큰에 투자하는 형태로 진행하는 경우가 많습니다. 그리고 코인이나 토큰으로 투자했을 경우에는 투자금을 회수하기까지 3~5년 정도의 시간이 소요됩니다. 일반 지분 투자에 비해 상당히 짧죠. 그렇기 때문에 크립토 벤처캐피털의 경우 매우 중요한 것은 투자한 프로젝트의 토큰들이 유동성이 충분한 거래소에 상장될 가능성이 높은지 파악하는 것입니다.

크립토 벤처캐피털의 경우에는 하루에도 무수히 많은 투자 제안서가 들어옵니다. 그리고 회사의 규모가 클수록 그동안의 투자 이력과 함께 경험이라는 무형의 자산이 쌓입니다. 즉, 투자 제안서를 검토하면서 성공 가능성이 높은 프로젝트를 찾을 수 있는 눈이 좋아지죠. 특히나 규모가 큰 크립토 투자사나 거래소 산하의 벤처캐피털은 투자 후 상장까지 원활하게 지원하기도 합니다.

이와 같이 프로젝트에 투자한 투자사의 성격과 규모를 파악하면 코인이나 토큰 상장 후에도 충분히 성장 동력을 만들어나갈 수 있을지 예측할 수 있습니다.

커뮤니티와 네트워크의 효과

암호화폐 프로젝트는 커뮤니티의 역할이 무엇보다도 중요합니다. 블록체인 프로젝트는 사용자와 투자자가 분리되지 않고 일치하는 경우가 많은 것이 특징입니다.

카카오톡이나 라인 같은 메신저 앱을 떠올려 볼까요? 이러한 메신저 앱들은 메신저 기능으로 돈을 벌기보다는 우선 사용자를 모은 뒤 자신의 생태계에 락인(Lock-in)시킨 후 비즈니스 모델을 만들어냅니다. 메신저 중간에 광고를 넣어 수익을 만들어내기도 하고, 이모티콘을 팔아 수익을 내거나 '선물하기' 같은 기능을 통해 제품을 판매하기도 합니다.

이러한 예시의 경우 실제로 제품을 사용하고 매출을 만들어내는 사용자와 메신저 회사에 투자하는 투자자가 구분되어 있습니다. 물론 투자자가 직접 제품을 구매해 사용하기도 하지만, 일반적으로 100% 일치하는 경우는 드뭅니다.

하지만 암호화폐 프로젝트는 이름에서 알 수 있듯 우선 화폐와 같은 기능을 하는 토큰이나 코인을 바탕으로 프로젝트가 만들어지기 때문에 대부분의 사용자가 투자자가 되기도 합니다.

2024년 5월 미국 SEC에서 승인이 난 이더리움 현물 ETF를 살펴볼까요? 이더리움에 투자하거나 코인을 매수·매도하는 투자자들의 경우, 모두가 이더리움 블록체인을 사용한다고 말할 수는 없습니다. 하지만 반대로 이더리움 체인을 사용하는 사용자들은 모두 필수적으로 이더리움이 필요하기 때문에 자동적으로 이더리움 투자자가 됩니다. 이더리움 블록체인상에서 작동하는 디앱을 사용하기 위해서도 블록체인을 사용할 때 지불하는 수수료로 이더리움을 사용하기 때문입니다.

이를 통해 이더리움 생태계에 다양한 디앱이 등장하고 있고, 사용자들이 이 디앱들을 많이 사용할수록 많은 수수료가 지불되고 이더리움의 수요도 많아진다는 것을 예상할 수 있습니다.

커뮤니티가 중요한 또 하나의 이유는 블록체인을 직접 운영하는 프로젝트의 경우 활발하게 참여하는 커뮤니티원이 많고 다양한 개발자가 필요한 생태계 관련 프로젝트를 만들어야 블록체인이 활성화되고, 그만큼 많은 자금을 모집할 수 있기 때문입니다.

각 암호화폐 프로젝트의 커뮤니티 활성도를 측정하기 위해서는 커뮤니티가 모이는 다양한 곳의 지표들을 활용하면 됩니다. 일반적으로 커뮤니티 활동은 SNS 활동과 개발과 관련된 활동 정도로 나눌 수 있습니다.

SNS 활동의 경우, 대부분의 암호화폐 프로젝트는 X(구 '트위터')와 텔레그램 채널을 운영하면서 관련 공지 사항들을 공유하고 있으며, 일부 프로젝트는 커뮤니티 채팅 SNS인 디스코드를 통해 커뮤니티를 관리하고 있습니다. 이러한 SNS 계정들의 활성도를 확인할 때는 기본적으로 팔로어 수나 구독자 수 등을 보는데, 실제 SNS 계정들의 활성도를 확인하려면 X는 트윗이 나간 뒤 실제로 댓글이 달리는 수와 '좋아요' 등의 활성도를, 텔레그램은 공지글이 나간 뒤 조회수를 확인하면 됩니다. 디스코드는 구성원 수가 보이는 경우도 있고 보이지 않는 경우도 있는데, 이 역시 공지글 등이 발표된 뒤 그 아래에 달린 이모지의 수를 통해 실질적인 활성도를 체크할 수 있습니다.

그렇다면 SNS 계정들의 실제 활성도를 체크해야 하는 이유는 무엇일까요? 일부 프로젝트가 SNS의 활성도가 중요하다는 사실을 알고 인위적으로 팔로어 수나 구독자 수 등을 작업하기 때문입니다. 물론 조회 수와 '좋아요' 역시 필요에 따라 작업이 가능합니다. 따라서 SNS 활동의 실체를 파악하기 위해서는 사용자들이 실제로 남기는 댓글의 퀄리티나 프로젝트와 커뮤니티의 상호작용 등을 참고하는 것이 좋습니다.

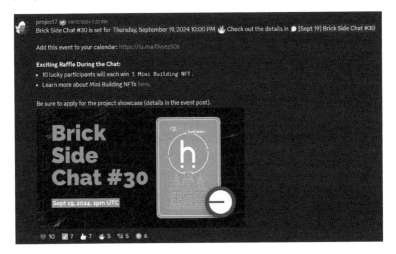

개발자 커뮤니티의 경우에는 개발 코드를 공개하는 깃허브(Github) 같은 곳이 있는지 확인하고, 해당 개발 계정에 지속적으로 코드가 올라오고 있는지 등을 체크하는 것이 좋습니다.

거래소 상장 및 거래량

코인이나 토큰을 상장하는 방법은 크게 두 가지입니다. 첫 번째는 일반 투자자들이 많이 알고 있는 방법으로, 중앙화 거래소에 상장하는 것이고, 두 번째는 일부 중앙화 거래소에 상장되기 전에 탈중앙화 거래소에 유동성을 제공하고 거래가 가능하도록 상장하는 것입니다.

'거래소 상장'이라는 건 코인이나 토큰이 더 이상 개인 대 개인으로 전송되면서 거래되는 것이 아니라, 거래소를 통해 중앙화 거래소에서 오더북 기반으로 거래되거나 AMM을 통해 탈중앙화 거래소에서 거래가 가능해지는 것입니다.

그리고 실질적으로 일반인들이 거래를 하기 위해서는 거래소가 충분한 유동성을 가지고 있어야 합니다. 거래소의 유동성 깊이가 가격과 어떤 연관이 있는지 파악하기 위해서는 거래소에서 유동성이 형성되는 형태를 이해해야 합니다. 중앙화 거래소의 경우, 오더북 기반으로 거래가 진행되는 것이 일반적인데, 이는 투자자들이 얼마에 어떤 코인을 몇 개 구매할 것인지를 정해 오더를 올리면 해당 오더를 보고 누군가가 매수를 하는 형태입니다.

간단하게 예를 들어볼까요? A는 코인을 10원에 100개, B는 코인을 11원에 50개를 팔겠다고 오더를 올렸습니다. 이때 C라는 투자자가 코인을 140개 사고자 한다면 시장에는 10원인 100개의 코인과 11원인 50개의 코인이 있기 때문에 총 1440원을 주고 140개의 코인을 살수 있습니다. 그리고 시장 가격은 10원에서 11원으로 오르게 됩니다. 이제 시장에는 11원에 판매되는 코인 10개밖에 남지 않았습니다. C는 구매했던 코인 140개를 15원에 팔겠다고 오더를 올렸습니다. 이후에 투자자 D가 나타나 코인을 사고자 한다면 그는 11원인 10개의 코인과 15원인 코인을 구매해야 합니다.

보통 일반 투자자들만 있는 경우에는 거래소에 유동성의 깊이가 들쑥날쑥하게 제공되는 경우가 많습니다. 투자자 입장에서는 오더북이 촘촘하지 않고 코인이나 토큰의 가격 갭이 너무 커졌을 때는 매도나 매수 시 손해를 볼 수밖에 없습니다. 이러한 투자 환경의 비효율성을 이용해 돈을 버는 것이 바로 유동성 공급자인 마켓 메이커입니다.

마켓 메이커는 암호화폐 거래소뿐 아니라 주식시장에서도 같은 형태로 유동성을 제공합니다. 그리고 거래소의 규모와 투자자의 투자 볼륨에 따라 마켓 메이커가 붙어 돈을 벌 수 있는 환경이 제공되는 곳도 있고, 그렇지 못한 곳도 있습니다. 마켓 메이커가 있어 유동성이 원활하게 제공되는 거래소는 그만큼 투자 환경이 좋아져 코인이나 토큰이 상장되었을 때 거래하기가 편리합니다. 또한 투자자들이 많이 이용해 거래 볼륨이 높아질 수 있는 환경이 조성됩니다.

그렇기 때문에 중앙화 거래소는 거래소의 규모와 볼륨 등을 기반으로 티어(Tier)를 나눕니다. 거래소의 티어를 어느 정도 예측하고 싶다면 코인마켓캡이나 코인게코 사이트에서 거래소 순위를 참고하면 됩니다. 거래량 기준, 우리가 접근 가능한 가장 큰 거래소는 바이낸스 거래소입니다. 한국의 경우에는 전 세계 2위의 거래 볼륨을 가지고 있는 업비트와 대형 거래소인 빗썸이 대표적이고, OKX와 바이빗 같은 해외 거래소 역시 높은 거래 불륨을 자랑하고 있습니다. 해외 중앙화 거래소는 현물 거래뿐 아니라 선물 거래 볼륨을 중요한 지표 중 하나로 보는데, 선물 거래의 경우도 앞서 언급한 해외 거래소들이 높은 볼륨을 보이고 있습니다.

▌코인게코 거래소 순위

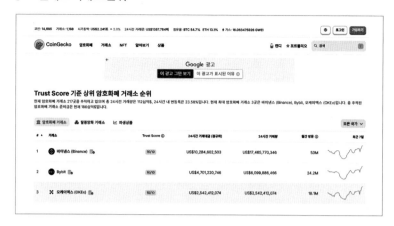

▌코인마켓캡 거래소 순위

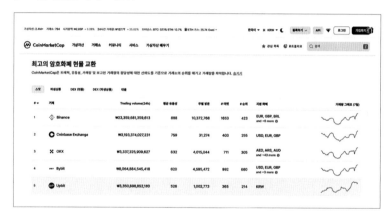

해외 중앙화 거래소의 순위나 티어 등급 등은 시장이 변하고 발전하면서 지속적으로 변화하고 있습니다. 하지만 변하지 않는 것은 1티어급인 메이저 거래소에 상장할 경우 대부분의 코인이나 토큰은 유동성 증가가 기대되기 때문에 가격 상승에 긍정적인 영향을 미친다는 점입니다.

코인 가격, 언제까지 오를까?

코인이나 토큰의 성장 동력과 가능성을 분석하기 위해서는 기본적으로 해당 코인의 생태계와 기본 정보를 파악해야 합니다. 특히 하락장이나 횡보장에서 성장 가능성이 높은 코인을 다양한 지표를 통해 분석하고, 심리적으로 진입이 어려운 매수 기간에 포지션을 만들어놓아야 이후 상승장 때 성장하면서 수익을 올릴 수 있습니다.

일반적으로 하락장 때는 공부를 하며 다음 트렌드를 예측하고 포트폴리오를 만들어나가는 것이 좋습니다. 높은 수익을 올리는 투자자들은 이렇게 하락장이나 횡보장에서 만들어놓은 포트폴리오를 상승장에 현금화하면서 자신들의 투자금을 늘리는 작업을 반복합니다.

암호화폐 시장은 비트코인을 중심으로 대부분의 코인이 비교적 짧은 시간 안에 최고점을 만든 뒤 빠르게 오른 만큼 빠르게 하락하며 하락장으로 전환되는 사이클을 보였습니다. 문제는 직접 투자가 되어 있는 상태에서 참여할 경우에는 하락장으로 전환되어도 이것이 일시적으로 하락한 건지, 아니면 진짜 하락장으로 전환된 건지 감을 잡기가 매우 어렵다는 것입니다.

만약 상승장 때 진입했다면 대부분 최저점에서 상승한 코인이나 토큰에 투자했을 것입니다. 이때 하락장이 언제까지 진행될지 모르는 상태에서 투자를 하는 경우가 대부분입니다. 상승장 때는 대부분의 코인이 오르기 때문에 수익률이 좋지만 하락장으로 전환되면서 제때 수익을 누리지 못하고 결국에는 손해를 보게 되는 일이 많이 발생합니다. 투자 도중에 하락장으로 전환된다 해도 이를 직접적으로 감지해 대응하기란 결코 쉽지 않습니다.

따라서 수익에 대한 목표를 세우고 지속적으로 현금화를 해나가는 것이 바람직합니다. 수익을 달성할 때마다 일부 자산을 현금화하는 것입니다. 이렇게 하면 목표에 도달하기 전이라도 리스크를 줄이면서 수익을 실현할 수 있습니다. 예를 들어 10%의 수익이 났을 때 전체 자산의 25%를 현금화하고, 나머지는 더 높은 수익을 목표로 보유하는 식의 부분 매도 전략을 활용할 수 있습니다. 이렇게 하면 하락장이 오더라도 미리 확보한 수익이 있어 심리적인 부담을 줄일 수 있습니다.

또한, 정기적으로 현금화하는 전략도 있습니다. 시장의 변동과 상관없이 일정 기간마다(매월 또는 분기별로) 수익의 일정 부분을 현금으로 바꿔두는 방식입니다. 이 전략은 장기적으로 투자하면서도 꾸준히 이익을 확보할 수 있는 방법입니다.

하락장을 대비하는 또 하나의 방법은 자동 매도 설정입니다. 갑작스러운 하락이 발생할 수 있기 때문에, 일정 가격 이하로 자산 가격이 떨어지면 자동으로 매도되는 '스톱-로스' 기능을 활용하는 것이 좋습니다. 이렇게 하면 큰 손실을 방지할 수 있습니다.

결국, 투자에서 중요한 것은 욕심을 부리지 않고 목표에 도달할 때마다 수익을 실현하는 것입니다. 목표 수익에 도달했을 때 일부 자산을 매도해 안정적인 자산으로 전환하는 것이, 장기적인 하락장에서 손실을 줄이고 지속적으로 수익을 올리는 데 도움이 될 것입니다.

그렇다면 상승장이 언제까지 지속될지 예측하는 것은 불가능할까요? 대부분의 경우 투자를 어느 정도 했을 때는 이제 상승장에 진입했다는 것을 알 수 있지만, 그 상승장이 언제까지 지속될지는 알 수 없습니다. 상승장이 끝나가는 시점에는 투자자들이 현금화를 결정하기 때문에 유동성이 지속적으로 빠져나갑니다.

문제는 막상 상승장에 진입해도 꾸준하게 상승만 하는 것이 아니라는 점입니다. 시장이 조정을 받기도 하고, 일부 횡보했다가 상승으로 전환되기도 하기 때문에 상승장의 꼭대기를 잡아 현금화를 한다는 계획을 실행하기가 사실상 불가능에 가깝습니다. 전문가들도 상승장에서 하락장으로 전환되는 시점을 정확히 예측하고 대응하지 못한다는 사실을 기억하고 자신의 목표에 맞추어 투자하기 바랍니다.

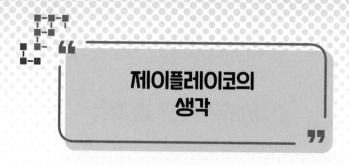

　　상승장이 정확하게 언제까지 진행되는지 알 수 있다면 얼마나 좋을까요? 하지만 실제로 투자를 할 때는 밖에서 숲을 보는 것이 아니라 숲 안에서 바라보기 때문에 숲 전체를 바라보는 것이 정말 어렵습니다. 또한 대부분 자산이 오를 때는 한꺼번에 오르는 것이 아니라 조정을 받으면서 오르고, 하락할 때도 한꺼번에 하락하는 것이 아니라 조정을 받으면서 하락하기 때문에 더욱더 알기가 쉽지 않죠. 물론 이러한 상황을 어느 정도 예측할 수 있는 데이터가 있기는 합니다. 여기에 대해서는 뒤에서 살펴볼 것입니다. 하지만 무엇보다 중요한 건 개별적으로 투자를 한 후에 익절이나 손절을 통한 현금화 전략을 세우는 것임을 절대 잊지 말아야 합니다.

코인,
언제까지 사도 될까?

저는 주변 사람들에게 종종 이런 질문을 받습니다.

"코인을 언제까지 사도 될까요?"

이에 대한 답은 투자자의 성향과 암호화폐에 대한 이해에 따라 차이가 납니다. 우선 저는 암호화폐에 대해 잘 모르고, 사실상 공부할 마음이 없는 사람들에게는 적립식으로 비트코인 정도만 사라고 조언합니다. 부담이 되지 않을 정도로, 일주일에 1만 원에서 10만 원 정도 지속적이고 장기적으로 매수하는 것이죠. 이러한 적립식 투자 방식을 'DCA 투자'라 부릅니다.

DCA 투자의 장점은 투자하는 자산에 대한 깊은 이해가 없어도 부담이 되지 않는 선에서 꾸준히 습관적으로 투자해 자산을 서서히 늘릴 수 있다는 것입니다. 저 역시 비트코인을 주기적으로 매수해 모아가고 있습니다. 이때 중요한 것은 투자 시기를 3~4년 이상으로 잡아야 한다는 점입니다. 비트코인의 가격 사이클을 봤을 때 가장 효율적인 DCA는 하락장으로 전환 후 횡보할 때부터 시작하는 것입니다. 만약 적립식으로 모아둔 비트코인을 현금화하고 싶다면 상승장으로 진입한 후에 진행하는 것이 좋습니다.

비트코인 DCA 계산기는 투자자가 정해진 금액을 일정한 주기로 투자했을 때, 장기적으로 어느 정도의 수익을 거두었을지 보여주는 도구입니다. 이를 활용하면 특정 기간 동안 비트코인에 투자했을 경우의 평균 매입가를 계산할 수 있으며, 가격 변동의 영향을 최소화하면서 장기적으로 안정적인 투자 수익을 예상할 수 있습니다. 예를 들어, 매월 100달러씩 비트코인에 투자했을 때의 결과를 확인하여, 현재의 투자 전략을 점검하고 향후 계획을 세우는 데 유용하게 사용할 수 있습니다. 계산기는 dcaBTC(dcabtc.com) 사이트에 있습니다. 다만 '이렇게 투자했다면 과거에 얼마를 벌었겠구나'라는 것이지 앞으로의 수익률을 보장하는 것은 아니라는 점을 기억하세요.

▌ 비트코인 DCA 계산기

출처: *dcaBTC*

암호화폐에 오래 투자한 사람들은 포트폴리오에 비트코인이나 이더리움에 대한 비중을 비교적 크게 가져갑니다. 비트코인과 이더리움은 변동성이 높은 암호화폐 중에서 가장 안정적인 사이클을 타고 움직이기 때문입니다.

알트코인 투자의 경우, 지금까지는 비트코인의 유동성이 급격하게 늘어나고 가격이 오르면 약간의 시간차를 두고 알트코인 시장으로 유동성이 유입되면서 가격이 움직이는 것이 일반적인 흐름이었습니다.

실제로 상승장에 한창 진입해 있는 상황에서는 한국 암호화폐 거래소에서 아무 알트코인이나 사서 며칠 들고 있으면 가격이 순환적으로 오른다고 할 정도로 대부분의 알트코인 가격이 상승하는 모습을 보였습니다. 알트코인의 상승폭이 비트코인에 비해 훨씬 커서 급격하게 오르는 경우가 많은데, 대신 하락할 때는 더욱더 빠르게 내려가는 경우도 그만큼 많습니다.

장기 투자자 vs. 단기 투자자

장기적으로 암호화폐에 노출되고자 하는 투자자와 단기 투자*를 통해 이익을 취하고자 하는 투자자는 코인에 접근하는 방식이 조금 다릅니다. 그리고 장기 투자*와 단기 투자를 구

> • 단기 투자
> Short-term Investment
> 상대적으로 짧은 기간 동안 투자할 것을 목표로 하는 투자
> - - - - - - - - - - - - - - - - - -
> • 장기 투자
> Long-term Investment
> 상대적으로 긴 기간 동안 투자할 것을 목표로 하는 투자

분하는 시기 역시 투자자마다 조금씩 차이가 있습니다. 어떤 투자자는 포트폴리오를 몇 개월만 변함 없이 유지해도 장기 투자로 보고, 어떤 투자자는 몇 개월이 아닌 몇 년을 목표로 투자하는 것을 장기 투자로 봅니다. 단기 투자 역시 마찬가지입니다. 어떤 투자자는 초단기 투자 형태로 짧게는 몇 시간, 길게는 며칠 거래하는 것을 단기 투자로 보고, 어떤 투자자는 몇 개월간 포트폴리오를 유지하는 것을 단기 투자로 봅니다.

우선 장기 투자자들은 포트폴리오를 오랜 기간 유지하면서 중간중간 있을 일시적인 가격 하락 등은 신경 쓰지 않고 원하는 타깃 가격을 기다리거나 목표 수량 등을 채우려 합니다. 반대로 단기 투자자들은 원하는 가격에 도달한 후 현금화를 목표로 하는 것은 동일하나, 일반적으로 장기 투자에 비해 매수 가격과 목표 가격의 차이가 크지 않다는 특징을 가지고 있습니다.

암호화폐 시장에서 장기 투자를 할 때는 비트코인이나 이더리움 같은 메이저 코인에 투자하는 것이 일반적입니다. 그 이유는 암호화폐 시장에서 사이클이 움직일 때 이러한 코인들이 사이클을 주도하기 때문입니다.

알트코인은 비트코인이나 이더리움보다는 상승장 때 상승폭이 더 클 수 있다는 장점이 있지만, 장기적으로 홀딩할 경우에는 다음 상승장 때 원하는 만큼 상승하지 못할 가능성이 큽니다. 따라서 알트코인은 장기 투자보다는 단기 투자로 접근하는 것이 바람직합니다.

사이클이 중요한 알트코인 투자

장기적으로 암호화폐에 투자하고자 한다면 꾸준하게 비트코인 수량을 늘려나가는 전략으로 접근해야 합니다. 하지만 단기적으로 알트코인에 투자할 계획이라면, 암호화폐 상승장과 하락장이 반복된다는 사이클이 있다는 전제하에서 이전 상승장 때 소개되지 않았던 신규 알트코인에 투자하는 것이 좋습니다. 리스크는 높지만 수익성이 좋은 경향이 있기 때문입니다.

상승에 돌입해 비트코인에 유동성이 대거 유입되면서 이후에 낙수효과로 알트코인들의 순환적 상승이 시작되면 대부분의 알트코인은 최저점에서 상승하게 됩니다. 하지만 상승폭으로만 볼 경우에는 이전 상승장 때 이미 최고점을 찍었던 알트코인들은 다음 상승장 때 이전 상승장 때의 최고점을 회복하지 못하는 경우가 많습니다.

물론 언제나 예외가 있기 마련이죠. 하지만 코인마켓캡 같이 시가총액을 볼 수 있는 사이트에서 1위부터 100위까지의 코인과 토큰들의 가격 변동을 보면, 일반적으로 첫 상승 사이클의 최고점 이후 다음 사이클에서는 분명 상승하긴 하지만 최고점까지는 가지 못한다는 것을 확인할 수 있습니다.

그렇다면 예시를 통해 전략적으로 알트코인을 매수할 때 어떤 전략을 취해야 하는지 살펴보도록 합시다.

▌ 니어프로토콜 그래프

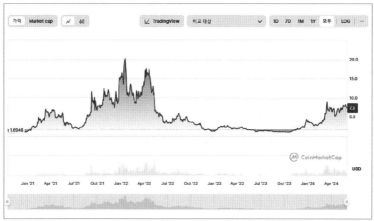

출처: 코인마켓캡

니어프로토콜의 니어(NEAR)는 시가총액 20위권에 이름을 올렸던 코인으로, 레이어1 블록체인을 직접 운영하는 프로젝트입니다. 2020년 10월부터 거래 데이터가 기록되고 있죠. 2021~2022년 상승장 때 최고점인 20달러를 찍고 이후 하락장으로 전환하면서 20배 정도 하락해 1달러 선까지 떨어졌고, 2023년 말 상승장의 시작과 함께 최저점에서 8배 정도 상승했습니다.

니어가 이전 최고점인 20달러 이상까지 상승하기 위해서는 이전 상승장에서 보여주었던 것 이상의 유동성 유입과 함께 이슈가 만들어져야 합니다. 물론 니어의 생태계는 건강하며, 최근 AI에 대한 트렌드를 흡수해 이후에도 좋은 결과를 보여줄 것으로 예상됩니다. 하지만 지난 사이클에서 최고점을 찍었기 때문에 새로운 상승장에서 그 최고점을 다시 돌파할 수 있을지는 의문을 가지고 접근할 필요가 있습니다. 지난 사이클에는 없었던 새로운 레이어1 블록체인이 등장하고, 사용자를 많이 모집한다면 생태계를 조금 더 자세히 들여다보고 투자를 결정하는 것이 현명할 수도 있습니다.

투자 금액별로 달라지는 투자 방법

투자자마다 투자 가능한 금액과 규모가 모두 다릅니다. 그렇기 때문에 투자자마다 접근 가능한 투자 방식도 분명 차이가 있죠. 일반적으로 시드 규모가 작으면 리스크를 조금 더 감당해서라도 높은 수익률을 통해 빠르게 시드를 늘리고 싶은 욕구가 생깁니다. 하지만 반대로 시드 규모가 커지면 가능하면 리스크를 제거하고, 수익률이 낮더라도 안전하게 포트폴리오를 운영하고자 하는 마음이 생깁니다.

자, 지금부터는 이제 막 암호화폐 투자를 시작하는 것이라고 가정하고, 금액대별로 가능한 투자 전략을 알아보도록 합시다.

한 달에 1만 원 투자

학생이나 사회 초년생들은 투자를 어렵게 생각하는 경우가 많습니다. 하지만 한 달에 1만 원씩, 1년에 12만 원 정도 투자하는 건 크게 부담이 되지 않을 것입니다. 이 정도 투자 규모면 변동성이 매우 높은 코인에 투자해 빠르게 시드를 늘리고자 하는 욕심이 생길 수도 있습니다. 이 정도 규모로 투자를 진행할 때 가장 중요한 건 비교적 오랜 시간 투자해 시드를 늘리는 것입니다.

'단기 투자를 통해 시드를 늘리는 것이 효율적이지 않을까?'라고 생각할 수도 있지만, 단기 투자 역시 모든 자산을 쏟아부어 진행하는 것이 아니라 포트폴리오의 일부를 이용해 리스크가 높은 투자를 하는 것이기 때문에 한 달에 1만 원 투자하면서 포트폴리오를 나누어 투자하는 것은 효율성이 떨어집니다.

한 달에 1만 원을 정기적으로 투자할 때는 오랜 기간 동안 무리 없이 적립식 투자가 가능한 비트코인을 모으면서 적립 금액을 늘릴 때까지 암호화폐 생태계를 공부하는 것이 좋습니다. 투자는 물론이고, 에어드랍과 같은 무자본 참여형 이벤트에 대해 공부한다면 다양한 기회가 눈에 들어올 것입니다. 그때 그동안 한 달에 1만 원씩 적립식으로 모은 자금을 이용해 투자 시드를 늘려 나갈 방법을 모색하면 됩니다.

한 달에 10만 원 투자

한 달에 10만 원을 투자하는 경우는 어떨까요? 사실상 한 달에 1만 원을 투자할 때와 투자 전략이 크게 달라지지 않습니다. 저는 지인들에게 암호화폐 투자에 대해 이야기할 때 공부를 하지 않고 투자하면 절대 좋은 매도 시점을 찾을 수 없다고 말합니다. 지식 없이 투자를 하면 대부분 매도 시점을 제대로 찾지 못해 너무 일찍, 혹은 너무 늦게 현금화해 만족스럽지 않은 결과를 얻게 됩니다.

2022년의 일입니다. 당시 저는 암호화폐에 크게 관심이 없는 지인에게 커피와 맥주를 줄이고 한 달에 10만 원 정도만 투자해 비트코인을 지속적으로 매수할 것을 권했습니다. 그는 실제로 주 단위로 몇 주 동안 꾸준하게 비트코인을 매집했습니다. 하지만 얼마 지나지 않아 이더리움에 관심을 갖기 시작하더니 조금 더 시간이 지난 후에는 비트코인이나 이더리움보다 상승률이 높은 코인에 관심을 보였습니다. 그리고 그 코인을 매수하기 시작했죠. 결과는 어땠을까요? 그 당시는 상승장에서 하락장으로 전환되는 시기였습니다. 그래서 무엇을 사더라도 가격이 하락했죠. 지인은 많은 금액을 투자했지만 결국은 손절하고 거래소 앱을 삭제했습니다.

이후에도 저는 그에게 지금이라도 가능하다면 한 달에 10만 원을 투자해 적립식으로 비트코인을 매수하라고 이야기했습니다. 하지만 돌아오는 답은 항상 같았죠.

"그렇게 해서 언제 큰돈을 벌어요. 전 안 할래요."

저는 그에게 더 이상 투자를 권하지 않았습니다. 그는 한 달에 10만 원을 적립식으로 투자할 경우 시드가 늘어나는 힘을 이해하지 못했던 것이죠.

얼마 전에 지인과 다시 만나 그 당시 비트코인을 적립식으로 꾸준히 매수했다면 지금 어떤 결과를 낳았을지 이야기를 나누었습니다.

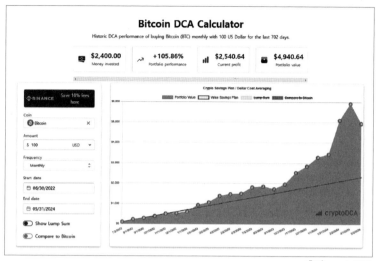

출처: cryptoDCA

만약 2022년부터 2년 동안 매달 100달러를 투자했다면 원금은 2400달러이며, 2024년 6월 기준 이익금은 약 2500달러입니다. 총 금액은 4940달러로, 우리나라 돈으로 약 680만 원입니다. 물론 이 돈으로는 인생이 바뀌는 큰 변화를 만들 수는 없습니다. 하지만 암호화폐 투자 시드를 2배 늘려 상승장 사이클로 진입하는 시점에 수익성이 더욱 높은 알트코인에 투자한다면 다시금 시드를 늘릴 수 있는 기회가 생깁니다.

기억해야 할 것은 암호화폐 투자 역시 로또가 아니라는 점입니다. 한 방을 노리기보다는 생태계를 공부하며 안정적으로 꾸준히 시드를 늘려나가야 기회가 찾아왔을 때 원하는 결과를 얻을 수 있습니다.

한 달에 100만 원 투자

이번에는 한 달에 100만 원을 투자할 경우를 생각해 봅시다. 이때는 포트폴리오를 어느 정도 나누어 접근할 필요가 있습니다. 자신의 투자 성향에 따라 장기적, 중장기적, 단기적으로 투자하고자 하는 포트폴리오를 세분화하여 접근하면 됩니다.

장기적인 포트폴리오는 비트코인 적립식 매수와 같은 형태로 맞춰주고, 중장기 및 단기적으로 채우고자 하는 포트폴리오는 관심이 가는 코인과 토큰으로 운영합니다. 이때 단기적으로 투자하고자 하는 코인은 중간에 비트코인이나 현금으로 전환해 이후 재투자를 할 때 사용할 수도 있고, 새로운 단기 투자 항목에 사용할 수도 있습니다. 장기 투자와 단기 투자의 비율은 정답이 없습니다. 참고로 제 포트폴리오는 다음과 같이 구성되어 있습니다. 저는 비교적 보수적으로 포트폴리오를 운영하고 있습니다.

- 비트코인 65%(장기)
- 이더리움 5%(중장기)
- 알트코인 25%(단기)
- 중앙화 거래소 5%(현금성)

포트폴리오 구성을 정확하게 이해하기 위해서는 제가 추구하고자 하는 장기, 중장기, 단기 투자에 대한 정의도 함께 알아야 합니다. 장기 투자의 경우, 사실상 매도 없이 꾸준하게 수량을 모아가는 형태라고 생각하면 됩니다. 즉, 현금화가 예정되어 있지 않습니다.

중장기적인 포트폴리오는 필수적으로 가지고 있어야 하나 필요에 따라 디파이를 통한 자산 증식이나 다른 알트코인 초기 투자를 위해 이용될 수 있는 자산 포트폴리오로 운영됩니다.

단기 투자의 경우는 며칠이나 몇 주가 아니라 단기적으로 한 사이클 동안 가져가는 포트폴리오입니다. 즉, 특정 생태계나 알트코인에 대한 집중적인 투자와 공부를 통해 시드를 늘리고, 디파이 등을 이용해 수량을 늘리는 전략을 취하죠. 한 사이클 동안 가장 많은 시드를 늘리는 대신 리스크가 가장 큽니다.

마지막으로 현금성 자산*은 암호화폐 투자를 위해 필요한 원화나 해외 거래소의 경우 USDT 같이 변동성이 적은 현금에 가까운 자산들을 보관합니다. 이 5%는 추가적으로 투자 기회가 나타났을 때 이용하는 자금입니다.

> * 현금성 자산
> Cash Equivalents
> 변동성이 적은 안정적인 자산

사이클이 끝나가는 시점 예측하는 방법

암호화폐 시장의 사이클을 정확하게 맞출 수는 없습니다. 그러나 사이클의 상승장이 끝나가는 시기를 예측할 수 있는 방법은 분명 존재합니다. 실제로 상승장이 끝나갈 때 나타나는 몇 가지 징조가 있습니다. 정확하게 어느 시점에 상승장에서 하락장으로 전환되는지는 알 수 없지만, 현재 시장 분위기가 과열되었다는 것을 알게 해주는 정성적 분석에 기반한 신호들과 정량적인 지표들이 있습니다. 지금부터 하나씩 살펴봅시다.

정성적 지표˚ 4가지

미디어와 대중의 관심 변화

일반적으로 미디어와 대중은 암호화폐
와 크립토에 크게 관심을 가지고 있지 않
습니다. 특히 하락장 때는 대장주인 비트

• 정성적 지표
Qualitative Indicators
시장의 분위기와 심리를
파악하는 데 사용하는 비
정량적 정보

코인의 가격이 하락하면서 암호화폐 생태계에 유동성이 크게 줄어들
고, 암호화폐는 대중의 관심 밖으로 벗어나게 됩니다. 상승장 때는 암
호화폐 거래소 앱을 깔아 거래를 하는 사람이 많아지는 반면, 하락장
때는 일반 투자자를 비롯해 벤처 투자자조차 투자를 크게 줄여 장이
얼어붙어 버립니다. 그렇기 때문에 미디어와 대중이 암호화폐에 얼마
나 관심을 보이느냐를 파악하면 사이클이 어디까지 진행되고 있는지
짐작할 수 있습니다.

각종 언론이 연일 비트코인의 가격이 최고점을 갱신했다는 소식을
전하거나 너무 많은 사람이 암호화폐에 투자해 암호화폐 투자에 대한
경고등이 켜졌을 때 암호화폐에 대한 미디어의 관심도가 최고조에 달
합니다. 또한 대중이 버스나 지하철 등을 이용하는 동안 휴대폰으로
게임을 하지 않고 암호화폐 거래소 앱을 켜놓는 일이 많다면 이 역시
상승장 사이클의 전환점이 가까워지고 있다는 뜻입니다. 암호화폐 커
뮤니티에 암호화폐 투자에 대한 질문이 늘거나 사람들이 삼삼오오 모
여 어떤 종목에 투자하면 좋을지 이야기를 나누는 일이 늘어날 때도
이 사이클이 마무리되는 시점이라고 볼 수 있습니다.

시장 심리의 변화

암호화폐 시장에는 공포 탐욕 지수*라는 것이 있습니다. 시장의 투자 심리를 보여주기 위해 사용되는 지표로, 주식시장에서 시작되었으나 암호화폐 시장에서도 확인할 수 있

• 공포 탐욕 지수
Fear & Greed Index
시장의 투자 심리를 공포와 탐욕으로 측정하는 지표

습니다. 지수는 0에서 100 사이의 값을 가지며 공포와 탐욕 사이를 왔다 갔다 하는데, 0에 가까울수록 공포심이 높고 100에 가까울수록 탐욕이 높은 것으로 해석합니다. 특히 극단적인 상태일 때는 주의가 필요합니다. 보통 하락장 때는 공포 지수가 높고, 상승장 때는 탐욕 지수가 높습니다. 또한 상승장의 전환 시점에는 극단적인 탐욕으로 유지가 되는 경우가 많습니다.

❙ 공포 탐욕 지수

출처: 얼터너티브

236

탐욕 지수와 함께 살펴봐야 하는 것은 시장에서 보여지는 낙관론과 비관론의 비율입니다. 일반적으로 투자 미래를 분석하는 경우에는 긍정적인 분석과 비관적인 분석이 둘 다 나올 수 있습니다. 이러한 분석에 대한 분포는 어느 정도 균형을 이루고 있는데, 만약 암호화폐 시장에 대한 비관론이나 낙관론이 지나치게 한쪽으로 치우쳐 있다면 전환점이 가까워지고 있다는 신호로 인식할 수 있습니다.

검색 트렌드

전 세계에서 가장 많이 사용하는 검색엔진인 구글에는 특정 키워드에 대한 트렌드를 분석할 수 있는 도구가 있습니다. 구글 트렌드가 바로 그것이죠. 예를 들어, 구글 트렌드를 통해 지난 12개월 동안 '비트코인'이라는 단어의 검색량이 어떻게 변화되었는지 한눈에 확인할 수 있습니다.

다음 그래프를 함께 살펴볼까요? 2024년 1월에 비트코인에 대한 검색량이 증가했습니다. 이때는 비트코인 현물 ETF가 승인되어 비트코인에 대한 전반적인 관심도가 올라간 시점이었죠. 그리고 비트코인은 2024년 상반기에 이전 사이클의 최고점을 돌파하며 한화로는 처음으로 1억 원을 넘어섰습니다. 이때에도 비트코인에 대한 검색량이 꾸준히 증가했습니다.

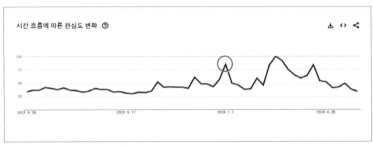

출처: 구글 트렌드

SNS 분위기

암호화폐의 경우, 많은 커뮤니티가 X(구 '트위터')에서 활동하고 있습니다. 이외에도 텔레그램이나 디스코드 같은 메신저 형태의 커뮤니티도 있고, 코인판이나 코박 같은 전문 암호화폐 커뮤니티도 있습니다. 이러한 온라인 암호화폐 커뮤니티를 통해서도 암호화폐 시장의 전반적인 분위기를 파악할 수 있습니다. 텔레그램 채널과 디스코드 채널의 경우는 접속 주소를 알아야만 접근이 가능합니다. 프로젝트에서 운영하는 텔레그램과 디스코드는 해당 프로젝트의 X 계정이나 홈페이지 등에 주소가 표기되어 있는 경우가 많아서 이를 활용해서 입장하면 됩니다.

상승장 때는 코인판이나 코박 같은 전문 암호화폐 커뮤니티에 참여하는 커뮤니티원이 급속도로 늘어납니다. 게시판을 확인해 보면 조회 수, 댓글, 좋아요 등이 상승장 때 적게는 2배, 많게는 10배까지 늘어나는 것을 확인할 수 있습니다.

이렇게 상승장에 진입한 후에는 각종 커뮤니티에 비관적인 의견이 주를 이루는 시기가 찾아옵니다. 그러한 분위기가 형성되면 하락장으로 전환되고 있다는 신호로 받아들이면 됩니다.

정량적 지표* 4가지

거래량

암호화폐 시장에서 거래되는 볼륨이 높을수록 많은 유동성이 움직인다는 뜻

입니다. 상승 추세가 이어지는 가운데 거래량이 지속적으로 증가하다 점차 감소한다면 매수 세력이 약화되고 있다고 분석할 수 있습니다. 반대로 상승 추세 말기에 거래량이 급격히 증가하면서 더 이상 상승하지 않거나 하락을 시작할 때는 이를 고점 전환 신호로 분석할 수 있습니다.

시가총액 도미넌스

암호화폐 생태계에는 비트코인이 전체 암호화폐 시장에서 차지하는 비율을 계산하는 수치가 있습니다. 이를 비트코인 도미넌스*라고 부릅니다. 이를 따로 측정해 계산하는 이유는 비트코인의 시가총액이

전체 시장에서 차지하는 비율에 따라 암호화폐 시장의 변화를 어느 정도 분석할 수 있기 때문입니다.

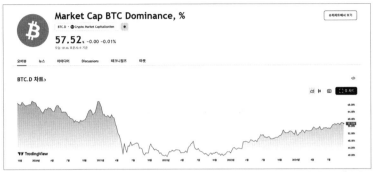

출처: 트레이딩뷰

비트코인 도미넌스가 급격히 하락하면 자금은 알트코인으로 이동합니다. 보통 상승기에는 비트코인에 유동성이 유입되어 비트코인의 가격이 먼저 상승하는데, 그 후에는 비트코인이 현금화되면서 유동성이 알트코인으로 흘러갑니다. 이때 비트코인 도미넌스는 수치적으로 줄어들고, 알트코인들의 가격은 상승합니다. 알트코인들의 가격 상승과 더불어 비트코인의 전체 시가총액이 알트코인에 비해 절대적으로 줄어들면 결국 알트코인의 현금화가 이루어집니다. 그러면 전체적인 장은 하락장으로 전환됩니다.

온체인 데이터°

블록체인에서 온체인 데이터는 블록체인 네트워크의 블록에 직접 저장되는 데이터를 의미합니다. 이는 트랜잭션, 스마트

> • 온체인 데이터
> On-chain Data
> 블록체인 네트워크상의 데이터를 분석하여 시장 동향을 파악한다.

컨트랙트의 상태, 사용자 계정의 잔액 등과 같이 블록체인에서 발생

하는 모든 활동을 포함합니다.

온체인 데이터의 특징은 누구라도 데이터를 확인할 수 있으며, 블록체인에서 발생한 수년간의 활동을 언제라도 검증할 수 있다는 것입니다. 이러한 온체인 데이터 중에서 특히 관심을 갖고 지켜봐야 하는 것은 중앙화 거래소의 지갑들과 유입되는 암호화폐입니다.

일반적으로 중앙화 거래소들은 특정 주소를 입금 주소로 사용합니다. 한 번 중앙화 거래소로 입금된 암호화폐 자산들은 더 이상 블록체인상에서 움직이지 않고 중앙화 거래소 내에서 장부상으로만 거래되기 때문에 그 이상의 추적은 불가능합니다.

그럼에도 불구하고 중앙화 거래소로 입금되거나 출금되는 암호화폐의 수량을 보면 현재 시장의 분위기를 어느 정도 파악할 수 있습니다. 이때 온체인 데이터로 사용되는 주요 암호화폐는 비트코인입니다. 즉, 비트코인의 암호화폐 거래소 유입량이 많아지면 투자자들은 비트코인을 개인지갑에 보관하는 것이 아니라 암호화폐 거래소로 옮깁니다. 이는 매도를 하기 위한 움직임으로 판단할 수 있습니다. 그리고 비트코인이 암호화폐 거래소에서 개인지갑으로 옮겨지는 수량이 더 많아지면 이는 투자자들이 매도보다는 우선 비트코인을 보관하고 홀딩하는 것으로 판단할 수 있습니다.

해당 지표를 바탕으로 비트코인이 암호화폐 거래소로 많이 유입될 때는 매도 압력이 생겨 비트코인의 가격 하락이 예상되고, 반대로 비트코인이 암호화폐 거래소에서 출금이 더 많이 될 때는 거래 가능한 비트코인의 수량이 줄어들면서 가격이 상승할 가능성이 크다고 볼 수 있습니다.

블록체인 데이터를 직접 불러들일 필요 없이 일반 사용자들이 편하게 관련 데이터를 그래프로 볼 수 있는 곳이 많은데, 고급 정보를 보기 위해서는 유료 서비스에 가입해야 합니다. 온체인 데이터를 볼 수 있는 대표적인 곳은 한국 기업이 크립토퀀트(CryptoQuant)와 해외에서 운영되고 있는 글래스노드(Glassnode)입니다. 크립토퀀트의 경우, 무료 회원가입을 통해 일부 주요 지표를 열람할 수 있습니다.

크립토퀀트의 비트코인 거래소 보유량 차트를 함께 살펴봅시다. 거래소 보유량 선이 전반적인 중앙화 거래소들의 비트코인 보유량을 표시한 것입니다. 2022년 10월경에 비트코인의 거래소 보유량이 현저하게 줄어들었는데, 전 세계에서 세 번째로 규모가 큰 암호화폐 거래소였던 FTX의 파산으로 많은 사용자가 중앙화 거래소의 비트코인을 개인지갑으로 옮겼기 때문입니다.

이후에 점진적으로 다시 암호화폐 거래소로 유입되는 비트코인의 수량이 늘어났고, 2024년 초부터 시작해 5월로 접어들면서 거래소의 비트코인 수량이 줄어드는 것을 확인할 수 있습니다. 2024년 초에 승인된 비트코인 현물 ETF를 바탕으로 해당 ETF를 운영하는 운영사들은 시장에서 비트코인을 매수해 보관해야 하기 때문에 비트코인이 더욱더 빠르게 빠져나간 것입니다.

▌ 비트코인: 거래소 보유량

출처: 크립토퀀트

암호화폐 거래소에서 거래 가능한 비트코인의 수량이 적어질수록 매수를 해 비트코인을 이동시키고자 하는 투자자가 많아집니다.

미결제 약정(Open Interest)*

암호화폐 시장에서 선물 및 옵션시장은 매우 중요한 위치를 차지하고 있습니다. 일반적으로 현물 거래는 실제로 암호화폐

> • 미결제 약정
> Open Interest
> 특정 시점에 아직 청산되지 않은 모든 선물 계약의 총합을 나타내는 지표

를 소유하면서 거래를 하는 형태라면, 선물 거래는 미래의 특정 기점에 암호화폐를 사거나 팔기로 약속하는 계약을 의미합니다.

선물 거래는 현물 거래와 달리 레버리지*를 이용해 투자할 수 있

> • 레버리지Leverage
> 타인의 자본을 지렛대처럼 이용하여 자기 자본의 이익률을 높이는 것

습니다. 예를 들어, 일시적으로 대출을 받아 자신이 가지고 있는 자산보다 더욱더 많은 자금으로 암호화폐에 투자할 수 있습니

다. 예를 들어 10배의 레버리지로 투자하면 100만 원으로 1000만 원어치의 비트코인을 투자할 수 있습니다. 문제는 이때 이익도 10배가 되지만 손실도 10배로 증가하기 때문에 비트코인의 가격이 일정 수준 이하로 떨어지면 투자한 모든 자산을 잃게 될 수도 있다는 것입니다. 투자한 자산의 가격이 10%만 떨어져도 모든 투자금을 잃게 되죠.

참고로 한국에서 운영되는 거래소에서는 선물 거래가 지원되지 않습니다. 선물 거래와 같은 암호화폐 파생상품은 국내 자본시장법상 금융투자 상품이 아니기 때문에 거래가 불가능합니다.

미결제 약정에 대해 이해하려면 위와 같은 선물시장의 생리도 이해해야 합니다. 암호화폐의 미결제 약정은 특정 시점에 아직 청산되지 않은 모든 선물 계약의 총합을 나타내는 지표입니다. 즉, 시장에서 현재 거래되고 있는 선물 계약의 수를 보여준다고 생각하면 됩니다.

이러한 미결제 약정의 데이터를 통해 현재 시장의 동향과 심리를 파악할 수 있는데, 미결제 약정이 지속적으로 증가하면 시장은 강한 상승, 또는 하락 트렌드를 가져다줄 수 있습니다. 미결제 약정이 많을수록 가격 변동 가능성이 크기 때문입니다. 선물 및 옵션 시장에서 미결제 약정이 급격히 증가한 뒤 감소하기 시작하면, 이는 시장의 반전 신호일 수 있습니다.

추가적으로는 선물시장과 관련된 지표 중에 펀딩비*(Funding Rate)라는 것이 있습니다. 이는 선물 거래 시 무기한 계약에서 롱 포지션*과 숏 포지션* 보유자 간의 자금 이동을

> ·펀딩비
> Funding Rate
> 선물시장에서 포지션을 유지하는 데 필요한 비용 또는 보상

조정하기 위해 사용됩니다. 이러한 펀딩비는 현물 가격과 선물 가격 간의 차이를 좁히는 역할을 하며, 투자자들이 시장의 방향성과 심리를 파악하는 데도 사용됩니다.

> • 롱 포지션
> Long Position
> 자산 가격이 상승할 것을 예상하고 매수 포지션을 취하는 것
>
> -------------------
>
> • 숏 포지션
> Short Position
> 자산 가격이 하락할 것을 예상하고 매도 포지션을 취하는 것

선물 가격이 현물 가격보다 높을 때는 시장의 매수 압력이 강하게 작동합니다. 이럴 때는 롱 포지션을 가지고 있는 투자자들이 숏 포지션 보유자들에게 펀딩비를 지급하게 됩니다. 이러한 상황에서는 시장 참가자들이 가격 상승을 예측하고 있다고 볼 수 있습니다. 반대로 선물 가격이 현물 가격보다 낮을 때는 시장의 매도 압력이 높다는 신호로 받아들여지며, 시장 참여자들이 가격 하락을 예측한다고 볼 수 있습니다.

▌비트코인: 펀딩비

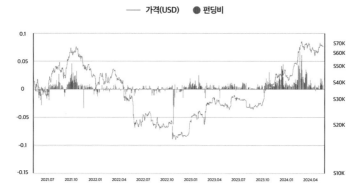

출처: 크립토퀀트

245

일반적으로 펀딩비는 상승장에서는 선물 가격이 현물 가격보다 높게 유지되는데, 하락장으로 접어들면 펀딩 비율이 낮아지기 시작했다가 음의 펀딩비로 전환됩니다. 상승장에서 펀딩비 수치를 추적하면서 증가세에서 지속적인 하락세로 변경될 경우에는 시장의 변곡점을 지났다고 볼 수 있습니다.

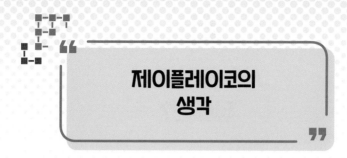

정성적 지표와 정량적 지표는 한 사이클의 전환점을 예측하는 데만 사용되는 것이 아닙니다. 일반적으로는 각 자산의 가격 차트를 보는데, 주식 투자의 경우에는 기업의 지표나 데이터를 바탕으로 투자 방향을 결정하기도 합니다.

하지만 암호화폐는 기업 기반의 지표가 없기 때문에 온체인 데이터나 거래 데이터 등을 바탕으로 시장의 투자 심리를 분석하고 유동성의 움직임을 예측합니다. 물론 알트코인의 경우에는 해당 코인이나 토큰을 운영하는 재단의 움직임을 파악하는 것이 좋습니다.

암호화폐 시장의 사이클은 비트코인을 중심으로 움직입니다. 따라서 비트코인을 중심으로 한 투자자들의 심리를 파악할 필요가 있습니다. 일반적인 사이클에서는 비트코인의 유동성이 증가하면서 가격이 오르고, 이후에는 유동성이 알트코인 시장으로 이동합니다. 또한 알트코인의 경우, 이미 한 번 상승 사이클을 지난 코인이나 토큰보다는 신생 프로젝트들의 성장 가능성과 상승률이 높을 수 있습니다.

사이클이 끝난
뒤에는?

암호화폐 시장의 사이클이 끝난 뒤 하락장으로 진입하면 그동안 투자했던 자산의 가치는 급격하게 떨어집니다. 상승장에서 비트코인의 가격이 상승한 뒤 알트코인으로 유동성이 이동해 비트코인의 상승폭보다 알트코인의 상승폭이 높았다면, 하락장에서는 비트코인의 하락폭보다 알트코인의 하락폭이 더욱더 깊어집니다.

2020년 비트코인의 최고점에서 최저점까지의 하락은 75%였습니다. 암호화폐 시장 대장주의 하락 역시 이 정도로 높았습니다. 심지어 2020년 도지코인 상승장의 최고점에서 최저점까지의 하락은 92%에 가까웠습니다.

이를 통해 암호화폐 투자 후 상승장에서 하락장으로 전환될 때 현금화 시점이 늦어지면 손실폭이 커진다는 것을 알 수 있습니다.

포트폴리오 리밸런싱*

현금 비중 확대*

상승장 때는 어느 정도의 현금을 가지고 있어야 합니다. 그래야만 일시적인 조정이 왔을 때 포트폴리오의 자산들을 보충할 수 있죠. 사이클이 전환되어 하락장이 되었을 때는 장기적으로 수량을 늘리기 위한 자산인 비트코인이나 이더리움 같은 암호화폐는 제외하고, 현금 비중을 늘리는 것이 매우 중요합니다. 현재까지는 하락장으로 전환되었을 때 포트폴리오에서 모든 종류의 알트코인을 정리하는 것이 유리했습니다.

> · 포트폴리오 리밸런싱
> Portfolio Rebalancing
> 자산 배분을 다시 설정하여 위험을 관리하고 최적화하는 과정
> ---------------------------
> · 현금 비중 확대
> Increaseing Cash Allocation
> 자산의 일부를 현금으로 전환하여 유동성을 높이는 전략

방어적 자산*으로 이동

> · 방어적 자산Defensive Assets
> 변동성이 낮은 자산. 스테이블코인이 대표적인 예다.

직접적인 현금화가 아닌 암호화폐로 자산을 관리하고자 할 때는 변동성이 적거나 없는 스테이블코인 같은 자산으로 전환하는 것도 좋은 방법입니다. 저는 방어적 자산에 비트코인을 포함시키기는 합니다. 사실 비트코인은 가격적인 변동성으로 보면 알트코인에 비해 안정적입니다. 그럼에도 불구하고 상당한 변동성을 가지고 있는 암호화폐이기 때문에 일시적으로라도 스테이블코인과 같은 자산으로 전환을 고려하는 것이 좋습니다.

비트코인은 현재 미국에서 현물 ETF로 승인되었기에 자산가치가 완전히 사라질 가능성은 매우 낮습니다. 반면 스테이블코인은 운용사의 리스크와 규제의 리스크를 기본적으로 가지고 있다는 점을 기억해야 합니다. 즉, 비트코인과 같은 자산을 현금화하지 않고 스테이블코인으로 전환하면 해당 스테이블코인이 잘못되었을 때 자산 전체가 위험해질 수도 있습니다.

대표적인 예가 2022년까지 많은 암호화폐 투자자가 '안정적'으로 투자하고자 했던 테라 생태계의 USTC라는 스테이블코인입니다. 해당 스테이블코인은 잘못된 설계로 한순간에 가격이 0.01달러까지 추락하면서 수많은 투자자의 자산을 청산* 시켰습니다. 모든 스테이블코인이 같은 리스크를 가지고 있는 것은 아니지만, 스테이블코인의 특징에 따라 가격이 언패깅되는(가격이 1달러에서 벗어나는) 리스크를 가지고 있다는 점을 반드시 기억해야 합니다.

> • 청산Liquidation
> 투자자가 빌린 자산을 갚지 못할 경우, 담보로 잡힌 자산을 강제로 매도하여 대출을 상환하는 과정

2가지 리스크 관리법

손절매* 설정

암호화폐 시장이 하락장으로 전환될 신호들이 감지되면 그동안 디파이 등에

> • 손절매Stop-loss
> 특정 가격 이하로 하락 시 자동으로 자산을 매도하여 손실을 최소화하는 전략

서 운용되었거나 스테이킹된 자산에 대한 유동화를 준비하면서 현금화를 위해 거래소로 자금을 이동시킵니다. 이때 대부분의 거래소는 암호화폐가 특정 가격 이하로 거래되기 시작하면 자동으로 매도할 수 있는 기능을 제공합니다. 투자를 할 때 손절매 선을 미리 정해 놓으면 일정 수준 이상의 손실을 방지할 수 있습니다.

레버리지 축소 *

저는 레버리지를 이용한 투자는 추천하지 않습니다. 시장을 보는 안목이 있다면 장기적으로는 특정 암호화폐가 상승할지,

* 레버리지 축소
Reducing Leverage
투자 시 레버리지 사용을 줄여 위험을 낮추는 전략

하락할지 분석할 수 있고 개인적인 판단이 가능하지만, 초단기적으로 암호화폐에 대한 상승이나 하락을 분석하는 것은 매우 어렵습니다. 결국 레버리지를 이용해 선물 거래를 하는 투자자들은 실력보다는 운에 의지해 거래를 하게 되고, 대부분은 투자금을 청산하는 결과를 보게 됩니다. 즉, 선물 거래를 할 때는 청산이 일어날 것이라는 걱정보다 언제 청산이 일어날 것인가를 걱정해야 합니다.

특히 하락장 때는 변동성이 높아지는 반면, 거래량과 유동성의 깊이가 줄어들기 때문에 레버리지를 통한 투자로 인한 손실폭이 더욱 커질 가능성이 있습니다. 따라서 사이클이 전환된 뒤에는 레버리지를 줄이는 것이 현명합니다.

시장 분석*을 통한 기회 포착

상승장 때는 수많은 프로젝트가 활동해 상장이나 토큰 판매 등의 움직임이 왕성합니다. 이때 모든 프로젝트를 일일이 다 살피며 투자하는 것은 불가능하므로 선택과

· 시장 분석
Market Analysis
시장의 동향과 데이터를 분석하여 투자 전략을 수립하는 과정

집중을 해야 합니다. 하지만 하락장으로 전환되면 유동성이 줄어드는 동시에 상장하는 코인이나 토큰도 줄어듭니다. 마케팅 활동 역시 현저하게 줄어들죠.

이때 투자자 입장에서는 직접 투자를 해 빠르게 이익을 보거나 이익금을 회수할 수 있는 타이밍이 나오지 않아 매우 지루한 시간이 될 수도 있습니다. 실제로 이 시기에 많은 투자자가 시장을 떠나죠.

암호화폐 투자를 할 때 장기적으로 수익을 내기 위해서는 이 시점을 제대로 분석할 필요가 있습니다. 주변에서 암호화폐 투자로 성공한 사람들을 살펴보면 꾸준한 분석과 학습을 바탕으로 한 사이클의 저점에서 가능성 있는 프로젝트를 발굴해 미리 투자하고 이익을 극대화한 경우가 많았습니다. 실제로 몇 사이클을 돈 투자자들도 초기에는 개인 투자자로 일반 시장에서 투자를 진행해 성공적으로 시드를 늘립니다. 그리고 일부는 시장에서 은퇴하고, 일부는 다음 사이클 때 더욱 큰 투자금을 가지고 개인 투자자나 벤처 투자자로 일찍 투자를 시작합니다.

시장을 분석하고 공부할 때는 대표적인 소셜 미디어 채널을 활용

해 볼 것을 추천합니다. X(구 '트위터')에서 국내와 해외 암호화폐 인플루언서들이 관심을 가지는 프로젝트들을 살펴보면 큰 도움을 받을 수 있습니다. 특히 상승장 때 투자를 받아 하락장 진입과 함께 생태계 발전을 위해 집중적으로 개발하는 프로젝트들을 눈여겨볼 필요가 있습니다. 이러한 정보들은 주로 SNS와 커뮤니티에서 활발하게 공유됩니다. X(구 '트위터'), 디스코드, 텔레그램 등에서 인플루언서들이나 프로젝트 팀이 직접 제공하는 업데이트를 따라가면, 시장의 흐름을 읽고 중요한 투자 기회를 포착할 수 있습니다.

하락장에서 수익 내는 법

비트코인이나 이더리움 같이 미국에서 현물 ETF로 승인된 암호화폐를 제외하고, 하락장 때는 자산을 현금화하는 것이 수익성 면에서 가장 좋습니다. 하지만 장기적인 투자로 수익을 극대화하기 위해 가져가는 코인이나 토큰의 경우는 적립식 투자(DCA)를 통해 수량을 늘려 나가거나 스테이킹이나 디파이에서 이자 농사 등을 통해 자산을 활용하는 방법도 있습니다.

하락장으로 전환되었을 때 포트폴리오를 보호하는 방법으로 선물시장에서 숏 포지션을 취하거나 옵션을 활용해 포지션

• 헷징Hedging
투자 포트폴리오의 위험을 줄이기 위해 반대 포지션을 취하는 전략

을 헷징*할 수도 있습니다. 예를 들어, 비트코인을 보유하고 있는데

비트코인 가격이 크게 떨어질 것으로 예상된다면, 거래소에서 비트코인 숏 포지션을 가져갑니다. 이렇게 하면 비트코인의 가격이 떨어지더라도 숏 포지션에서 발생하는 이익으로 인해 전체 포트폴리오에서 손해를 보지 않을 수도 있습니다. 다만 선물시장을 통한 투자 방법이기 때문에 리스크가 높을 수 있어 일반 투자자에게는 권하지 않습니다.

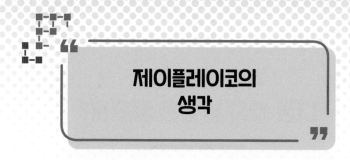

제이플레이코의
생각

사이클이 끝나고 하락장으로 진입하면 암호화폐 투자자들에게는 가장 힘든 시기가 찾아옵니다. 상승장 때는 자신의 포트폴리오가 하루하루 상승하는 것을 보며 행복감을 느낄 수 있지만, 하락장 때는 포트폴리오의 자산이 줄어드는 것을 지켜봐야 합니다. 이때는 시장을 긍정적으로 바라보는 것이 매우 힘들죠.

그럼에도 불구하고 우리는 암호화폐에 대한 사이클을 정확하게 이해하고 꾸준히 공부해야 합니다. 암호화폐는 트렌드가 빠르게 변합니다. 새로운 상승장 때는 성장세가 높은 프로젝트들이 있기 때문에 카테고리와 트렌드에 대한 공부가 필수입니다.

또한 비트코인과 같은 주요 자산의 수량을 꾸준히 늘려 나가고, 구매 평단가를 낮추기 위한 노력을 하면서 다음 상승장을 준비하는 자세가 필요합니다.

직접 매매 말고
다른 투자 방법은 없을까?

저는 암호화폐를 주기적으로 매수·매도해 이익을 만들어내는 단기 투자보다는 수익률이 낮더라도 안정적으로 운영할 수 있는 투자 방법을 선호합니다. 지금부터는 단기적인 매수·매도를 통한 투자를 비롯해 다양한 접근 방법을 알아보도록 하겠습니다.

단기 투자의 장단점

단기 투자의 장점 중 하나는 비교적 짧은 시간 내에 높은 수익을 낼 수 있다는 것입니다. 시장을 분석하고 차트를 살피며 시장의 심리를 읽고, 유동성의 흐름을 보며 특정 코인이나 토큰의 가격을 예측하면서 주기적인 매수·매도를 통해 이익을 낼 수 있기 때문에 이론적으로는 저가에 사서 고가에 팔면 하루에도 수십 번의 거래를 통해 이익을 극대화할 수 있습니다.

특히 암호화폐는 주식시장과 달리 1년 내내 하루 24시간 거래가 가능하기 때문에 단기 투자에 매우 적합합니다. 여기에 기술적인 분석이나 스캘핑* 같이 초단기적으로 가격 변동성을 이용하는 거래 방법이나 데이 트레이딩* 같이 하루에 여러 번 거래하는 형태 등도 적용이 가능합니다. 또한 리스크 관리 측면에서 포지션 자체를 길게 유지하지 않기 때문에 시장에서 발생하는 장기적인 하락장 전환과 같은 리스크에 비교적 덜 노출됩니다.

• 스캘핑Scalping
초단기적으로 가격 변동성을 이용해 이익을 내는 거래 방법

• 데이 트레이딩
  Day Trading
하루 동안 여러 번 거래를 하여 수익을 추구하는 투자 방법

단기 투자의 또 하나의 장점은 시장 변화에 빠르게 대처하면서 대응이 가능하다는 것, 새로운 트렌드가 발생할 경우 빠르게 포착해 접근이 가능하다는 것입니다.

물론 단기 투자가 장점만 가지고 있는 것은 아닙니다. 우선 단기적으로 투자한다 해도 암호화폐는 변동성이 매우 높기 때문에 짧은 시간 내에 몇 퍼센트에서 몇십 퍼센트의 가격 변동도 충분히 발생할 수 있습니다. 이렇게 높은 변동성은 단기 투자를 할 경우 손실 금액을 키울 가능성이 있습니다. 또한 거래소에서 거래할 때는 매번 거래 비용이 발생하는데, 거래 횟수가 늘어날수록 거래 비용 역시 증가한다는 단점이 있습니다.

이뿐만이 아닙니다. 제가 생각하는 단기 투자의 가장 큰 단점은 심

리적인 스트레스가 크다는 것입니다. 단기 투자를 하면 지속적으로 가격 그래프와 차트를 관찰해야 합니다. 하루에도 몇 번씩 거래소 앱을 실행시켜 암호화폐 가격을 확인해야 하는데, 특히 급격하게 가격 변동이 일어나면 심리가 불안해지고 스트레스가 급증할 수밖에 없습니다.

수량을 늘리는 스테이킹

장기 투자를 할 때 가장 안정적이고 지속 가능한 방법은 온체인 스테이킹을 통해 코인 수량을 늘리는 것입니다. 여기서 언급하는 스테이킹 방법은 해당 블록체인의 지분 증명 방식에 직접적으로 참여하면서 블록 생성에 따른 보상을 받는 것을 뜻합니다. 다른 디파이 프로토콜의 경우에도 '스테이킹'이라는 용어를 그대로 사용하는데, 여기서 말하고자 하는 것은 블록체인의 직접적인 스테이킹입니다.

참고로 이러한 스테이킹은 지분 증명 방식을 사용하는 블록체인만 가능하기 때문에 작업 증명 방식을 사용하는 비트코인 같은 블록체인은 스테이킹을 통해 코인이 채굴되지 않습니다.

가장 대표적인 블록체인은 이더리움입니다. 이더리움의 경우, 스테이킹을 하기 위해서는 최소 32개의 이더리움이 필요하고, 스테이킹과 함께 서버도 운영되어야 합니다. 이러한 스테이킹은 진입 장벽이 높아 일부 거래소에서는 소량의 이더리움만 가지고도 스테이킹을 할 수 있는 서비스를 제공하거나 디파이에서 스테이킹을 해주면서 추가적으로 유동화 토큰을 제공하는 경우도 있습니다.

이더리움의 경우, 가장 대표적인 유동화 토큰 제공 플랫폼은 라이도입니다. 라이도는 32개의 이더리움이 필요하지 않습니다. 소량의 이더리움만 있어도 스테이킹이 가능하죠. 라이도에 이더리움을 스테이킹하면 연간 약 3%의 이자를 받을 수 있습니다. 일반적으로 스테이킹을 하면 해당 자산은 특정 기간이 지나야 다시 접근이 가능합니다. 예를 들어, 이더리움의 경우 15일 정도가 지나야 다시 언스테이킹이 됩니다.

다만 라이도에 스테이킹할 경우에는 유동화된 보증 토큰인 stETH를 받게 됩니다. stETH는 다른 디파이에서 활용할 수도 있고, 탈중앙화 거래소에서 언스테이킹을 기다리지 않고 ETH로 다시 스왑할 수도 있습니다.

이처럼 스테이킹되는 토큰의 유동성을 만들어주는 생태계를 유동화 스테이킹 파생상품*이라고 부릅니다. 물론 이러한 생태계는 이더리움뿐 아니라 다른 블록체인에도 존재합니다.

> • 유동화 스테이킹 파생상품
> Liquid Staking Derivative, LSD
> 스테이킹된 자산을 유동화하여 사용 가능한 파생상품

솔라나의 경우, 스테이킹을 하기 위한 최소 수량이 존재하지 않습니다. 대신 스테이킹을 하는 방식이 이더리움과 조금 다릅니다. 스테이킹을 위해 직접 서버를 돌릴 필요 없이 '밸리데이터'라고 불리는 검증자들에게 자신의 솔라나를 위임해 스테이킹을 하면 됩니다. 솔라나의 연간 이자율은 약 7%이며, 언스테이킹하는 데 걸리는 시간은 약 3일입니다. 이렇게 블록체인마다 스테이킹에 대한 조건과 이자율, 자금이 묶이는 시간이 차이가 있습니다.

이외에도 코스모스 코인 생태계를 바탕으로 만들어지는 블록체인이 있습니다. 인젝티브(Injective)와 셀레스티아(Celestia) 같은 블록체인이 대표적이며, 언스테이킹하는 데 걸리는 시간은 최소 21일입니다. 이자율은 체인마다 조금씩 다른데, 높게는 연간 15%까지 지급되는 곳도 있습니다.

이렇게 관심이 있고 장기적으로 홀딩하고자 하는 자산의 경우에는 블록체인 기반의 스테이킹을 통해 비교적 낮은 리스크로 코인의 수량을 늘릴 수 있는 방법이 있습니다. 참고로 일부 블록체인의 스테이킹을 대신해 주는 서비스를 제공하는 중앙화 거래소도 있습니다. 블록체인에서 따로 지갑을 만들어 활동할 필요 없이 중앙화 거래소에서 위임해 스테이킹을 하는 형태이며, 대부분 일정 수수료를 가져가기 때문에 직접 스테이킹을 하는 것과는 수수료율이 차이가 날 수도 있습니다.

이자 받는 디파이

디파이는 탈중앙화된 금융 전체를 아우르는 말입니다. 블록체인상에서 지갑을 가지고 스마트 컨트랙트와 직접 연동하는 금융 활동은 모두 디파이에 포함됩니다. 지금부터는 직접적으로 매수·매도를 하지 않고 디파이 생태계에서 자산을 늘릴 수 있는 방법을 알아봅시다.

암호화폐 대출[*]

은행에서 신용 대출이나 담보 대출 등을 하는 것과 같이 대부분의 블록체인에 탈중앙화된 대출 플랫폼들이 존재합니

> • 암호화폐 대출
> Crypto Lending
> 담보를 바탕으로 암호화
> 폐를 대출하는 서비스

다. 특징은 암호화폐 생태계에는 신용을 기반으로 하는 대출이 없고, 스마트 컨트랙트 기반으로 담보를 바탕으로 대출을 해준다는 것입니다. 대출 플랫폼마다 수요와 공급에 따라 이자를 지급하는데, 대출자가 지급하는 대출 이자 외에도 대출 플랫폼 자체의 토큰을 추가적으로 지급하는 경우도 있습니다.

▌ 암호화폐 대출 플랫폼 에이브

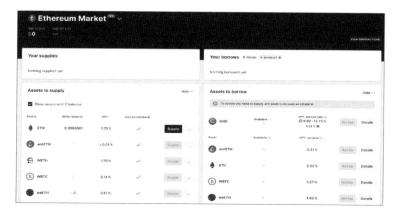

다양한 체인에서 활동하고 있는 대표적인 대출 플랫폼은 에이브 (Aave)로, 이더리움을 비롯해 주요 EVM 기반의 체인에서 서비스를 제공하고 있습니다. 자산이 있는 체인을 선택하고 지갑을 연결한 뒤 우선 자산을 예치하면 됩니다. 소유하고 있는 이더리움을 에이브 프로토콜에 예치하면 이미지와 같이 1.7%의 연간 수익률이 나옵니다. 이제 사용자는 이더리움을 예치한 상태로 이자를 받아도 되고, 다른 전략을 취해도 됩니다. 예를 들어, USDT 같은 자산을 예치한 이더리움을 담보로 빌려 9.3%의 이자를 내면서 다른 디파이 프로토콜에서 USDT를 이용해 수익을 늘릴 수 있죠.

이러한 대출 플랫폼들은 자신이 가지고 있는 자산을 직접 매도하고자 하는 마음이 없는 상태에서 다른 플랫폼 등에서 투자 수익을 만들기 위해 스테이블코인이 필요할 때 활용되는 경우가 많습니다.

유동성 공급

가장 일반적인 방법 중 하나는 탈중앙화 금융에 유동성을 공급해 이익을 만들어가는 것입니다. 일반적으로 유동성을 공급할 경우에는 중앙화 거래소와 달리 거래 수수료를 받게 됩니다. 거래 수수료는 0.1%에서 1%까지 매우 다양하죠. 보통 비교적 스테이블한 유동성은 수수료가 낮고, 특수한 유동성일수록 수수료가 높아집니다.

디파이에서 유동성을 공급하는 것은 간단해 보이지만 플랫폼과 유동성을 제공하고자 하는 자산에 따라 상당히 복잡해질 수 있습니다. 몇 가지 기술적인 설명과 함께 주의해야 할 것을 알아보도록 합시다.

거래 수수료 외 팜(Farm) 이자: 일부 탈중앙화 거래소(DEX)는 유동성을 공급할 때 거래 수수료뿐 아니라 자신들이 직접 발행한 거버넌스 토큰을 이자로 지급하는 경우가 있습니다. 이럴 때는 일반적인 거래 수수료보다 추가적으로 지급하는 거버넌스 토큰이 대부분의 이익을 결정하는 경우가 많습니다.

다만 거버넌스 토큰이 추가적인 이자로 지급되는 경우에는 높은 인플레이션을 동반하면서 프로젝트 초반에는 가격을 잘 유지하다가 이후에 프로젝트 생태계에 특별한·변화가 없을 때는 지속적인 배출로 가격이 떨어지는 경향이 있습니다.

이러한 이자 파밍, 즉 일드 파밍이 가능한 탈중앙화 거래소에 유동성을 공급할 때는 일반적으로 새로운 체인의 신규 탈중앙화 거래소일수록 이자율이 높습니다. 신규 탈중앙화 거래소는 자금을 빨리 모으기 위해 유동성 공급자들에게 높은 수익성을 보장하는 형태로 이익을 주기 때문이죠.

이때 주의해야 할 것이 있습니다. 신규 탈중앙화 거래소의 경우, 유동성 공급자들에게 자신들의 토큰을 바탕으로 높은 이자를 지급하기는 하지만 해당 플랫폼의 신뢰성을 반드시 체크해야 합니다. 높은 이자율을 보장한다고 광고해 유동성 공급자를 모집한 뒤 전체 유동성을 해킹해 도망가는 경우도 심심찮게 발생하기 때문입니다.

비영구적 손실*: 비영구적 손실은 디파이에서 유동성을 공급할 때 가

> **·비영구적 손실Impermanent Loss**
> 유동성 풀에서 자산의 가격 변동으로 발생하는 손실

263

장 주의해야 할 것 중 하나입니다.

비영구적 손실은 비교적 어려운 개념 중 하나입니다. 단순하게 내가 초콜릿 두 개를 가지고 있었고 친구는 사탕 두 개를 가지고 있었는데, 친구랑 가진 걸 바꾸기로 했다고 가정해 봅시다. 그런데 나중에 보니까 초콜릿 값은 많이 올라가고, 사탕 값은 내려간 상황입니다. 그냥 초콜릿을 계속 가지고 있었다면 더 이득이었을 텐데, 바꿔서 오히려 손해를 본 겁니다. 이렇게 가만히 있었으면 더 이득일 수 있었던 상황에서 손해를 보는 것이 비영구적 손실입니다.

유동성을 제공할 때는 보통 두 가지 이상의 자산을 묶어 하나의 새로운 유동성 토큰인 LP 토큰을 만들게 됩니다. 이때 이 유동성 토큰은 자동으로 가격이 변함에 따라 한쪽의 토큰을 매도하고 다른 쪽의 토큰을 매수하는 형태로 작동한다고 생각하면 됩니다. 예를 들어, 이더리움과 USDT를 각각 100달러씩 묶어 유동성 풀을 만든다고 가정해 봅시다. 시간이 지나면서 이더리움의 가격이 상승하면 유동성 풀은 자동으로 일부 이더리움을 팔고 그 대신 USDT를 받게 됩니다. 이는 유동성 풀의 두 자산 간 비율을 일정하게 유지하려는 메커니즘 때문입니다.

하지만 이 과정에서 비영구적 손실이 발생할 수도 있습니다. 비영구적 손실은 특정 자산을 유동성 풀에 예치하지 않고 단순히 보유했을 때 얻을 수 있는 이익과 유동성 풀에 예치했을 때 얻는 이익의 차이로 설명됩니다. 예를 들어 이더리움의 가격이 크게 상승하면, 유동성 풀은 일부 이더리움을 팔아 USDT로 바꾸기 때문에 결과적으로 단순히 이더리움을 보유하고 있는 것보다 전체적인 가치가 떨어질 수 있습니다.

쉽게 설명하면, 100달러어치의 이더리움을 단순히 그냥 보유하고 있을 경우 이더리움의 가격이 두 배로 오르면 200달러의 가치가 됩니다. 하지만 100달러어치의 이더리움과 100달러어치의 USDT를 유동성 풀에 예치하면, 이더리움의 가격이 두 배로 오를 때 유동성 풀에서는 일부 이더리움을 팔아 USDT를 받습니다. 따라서 유동성 풀에 예치했을 때의 총가치는 단순히 이더리움을 그냥 보유했을 때보다 낮아질 수 있습니다.

결국, 유동성 풀에 토큰이나 코인을 예치하면 해당 토큰의 가격이 오를 경우에는 그냥 보유했을 때보다 손해를 볼 수 있습니다. 반면, 가격이 떨어질 경우에는 그냥 보유했을 때보다는 손해를 덜 보게 되지만, 가격이 많이 떨어질수록 손실폭이 증가합니다.

따라서 이상적인 유동성 풀은 유동성 풀에 있는 자산의 가격 차이가 크지 않으면서 거래 수수료 수익이 많이 발생하는 경우입니다. 쉽게 설명하면, 유동성 풀에 예치된 두 자산의 가격이 큰 변동 없이 안정적으로 유지될 때, 거래로 인해 발생하는 수수료 수익이 높아져 이익을 얻을 수 있는 유동성 풀이 이상적이라는 의미입니다. 이렇게 되면 비영구적 손실의 위험을 줄이면서도 수수료 수익을 통해 이익을 극대화할 수 있습니다.

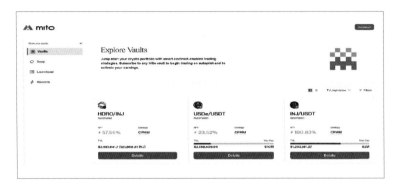

앞의 예시를 볼까요? 자체적인 블록체인을 보유한 인젝티브에서 운영하는 미토(Mito)라는 프로젝트입니다. 디파이 생태계는 2024년에 활성화되기 시작했습니다. 탈중앙화된 금융 생태계 역시 매우 초기 상태죠. 미토에서 운영되는 유동성 볼트*의 경우, 유동성을 공급하면 많게는 연간 190%의 이자를 지급하는 유동성 풀도 존재한다는 것을 알 수 있습니다.

> • 유동성 볼트Liquidity Vault
> 자동화된 방식으로 여러 프로토콜에 유동성을 제공해 수익을 극대화하는 스마트 계약 기반의 투자 풀

여기서 언급한 예시는 인젝티브의 INJ와 USDT라는 스테이블코인을 묶은 유동성에 대해 INJ로 이자를 지급하는 것입니다. USDT는 달러에 연동되어 가치가 크게 흔들리지 않지만 INJ는 2024년 상반기에만 15달러에서 50달러 사이의 큰 변동폭을 보였습니다. 이론적으로 해당 이자율이 지속적으로 유지된다는 전제하에 유동성을 공급하면 12개월 후에는 자산이 3배가 증가한다는 뜻입니다.

266

다만 주의해야 할 것이 있습니다. INJ의 변동성 때문에 생기는 비영구적 손실로 12개월 후에 실제 자산의 가치가 차이가 날 수도 있다는 점입니다. 만약 INJ의 가격이 유동성을 만든 시점보다 떨어진다면 내가 가지고 있는 유동성의 가치 역시 떨어질 것이고, INJ의 가격이 올라간다면 이자뿐 아니라 내가 가지고 있는 유동성의 가치도 올라 수익이 더욱더 높아질 수 있습니다.

이렇게 유동성을 공급할 때 자신이 가지고 있는 유동성의 가치와 받을 수 있는 이자의 크기를 비교하여 상황에 맞게 적절한 전략을 사용해 운영해야 한다는 것을 반드시 기억하기 바랍니다.

싸게 얻는 런치패드

런치패드는 암호화폐 프로젝트가 처음으로 토큰을 판매하는 플랫폼으로, 투자자들에게는 초기 단계에서 토큰을 구매할 수 있는 좋은 기회를 제공합니다. 일반적으로 사람들은 암호화폐 거래소에서 직접 매매를 통해 수익을 얻는다고 생각하지만, 런치패드는 직접 매매가 아닌 더 다양한 투자 방법을 제시해 줍니다.

런치패드에서의 투자는 암호화폐 프로젝트의 초기에 참여하는 것이기 때문에, 아직 상장되지 않은 토큰을 시장의 낮은 가격에 구매할 수 있는 장점이 있습니다. 이 말은, 상장 후 토큰의 가치가 오를 경우 높은 수익을 기대할 수 있다는 뜻입니다. 특히, 상장 이후의 시장 가격보다 낮은 가격에 토큰을 판매하는 경우가 많기 때문에, 토큰 가치 상승에 따른 잠재적인 수익이 매력적인 이유 중 하나입니다.

런치패드에 투자할 때 가장 중요한 포인트는 해당 프로젝트가 얼마나 성공 가능성이 높은지 파악하는 것입니다. 참여하는 투자자 수가 많고, 커뮤니티의 관심이 높은 프로젝트일수록 성공 가능성이 큽니다. 예를 들어, 많은 투자자가 런치패드에 몰리면 그만큼 프로젝트에 대한 신뢰가 높고, 상장 이후에도 수요가 유지될 가능성이 높습니다. 이는 투자자들이 원하는 만큼 토큰을 얻기 어려울 수 있지만, 반대로 말하면 그만큼 프로젝트가 유망하다는 신호일 수 있습니다.

또한, 런치패드는 특정 블록체인 생태계에서 중요한 역할을 할 프로젝트의 초기 단계에서 투자할 수 있는 기회를 제공합니다. 예를 들어, 블록체인 생태계에서 중요한 역할을 할 탈중앙화 거래소(DEX), 대출 플랫폼, 또는 유동성 스테이킹(LSD) 플랫폼과 같은 프로젝트는 초기 투자자들에게 큰 수익을 안겨줄 수 있습니다. 이러한 대표적인 플랫폼은 블록체인 생태계의 핵심 인프라로 자리잡을 가능성이 높기 때문에, 이러한 프로젝트의 초기 토큰 세일에 참여하는 것은 매우 매력적입니다.

투자자를 위한 또 다른 매력은, 거래소 상장 전에 토큰을 구매할 수 있기 때문에 상장 후 시장에서 큰 주목을 받게 될 경우 수익이 극대화될 수 있다는 점입니다. 런치패드는 암호화폐 프로젝트가 주목받기 전 초기 단계에서 참여할 수 있는 드문 기회를 제공하므로, 장기적인 안목을 가진 투자자들에게 특히 유리한 투자 방법입니다.

프로젝트의 성공 가능성을 파악하는 마지막 방법은 SNS에서 커뮤니티의 관심도를 확인하는 것입니다. X(구 '트위터')나 텔레그램, 디스코드 같은 소셜미디어 플랫폼에서 프로젝트에 대한 활발한 논의가 이루어지고 있는지, 해당 프로젝트가 재단이나 블록체인 생태계에서 공식적인 지지를 받고 있는지를 확인하는 것이 도움이 됩니다. 이러한 정보를 바탕으로 성공 가능성이 높은 프로젝트에 투자하면, 장기적으로 안정적인 수익을 기대할 수 있습니다.

런치패드는 단순한 매매 방식이 아닌, 초기 단계의 투자 기회를 제공해 더 큰 수익 가능성을 제시하는 투자 방법 중 하나입니다.

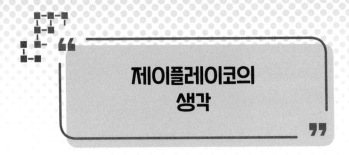

저는 사실 지속적인 매수·매도를 통해 암호화폐 자산을 늘리는 데 소질이 없습니다. 그래서 하락장 때 트렌트를 살피며 새로운 프로젝트를 찾아 미리 투자를 해놓고 기다리는 편이죠. 이런 형태의 투자는 투자 기간이 비교적 길기 때문에 직접적으로 매수·매도를 하지 않고도 자산을 늘릴 수 있는 디파이 생태계를 적극 활용합니다. 유동성 제공이나 신규 프로젝트에서 파생되는 토큰의 세일즈 등을 파악하고 참여하는 것으로 꾸준하게 자산을 늘려나갈 수 있기 때문입니다.

어떤 투자든
잃지 않는 게 핵심이다

워런 버핏과 저의 공통점이 하나 있습니다. 둘 다 투자에서 가장 중요하게 여기는 것이 바로 '잃지 않는 것'이라는 점입니다. 물론 이와 다르게 '잃는 것보다는 많은 이익을 내는 것이 중요한 거 아니야?'라고 생각하는 사람도 있을 것입니다.

암호화폐 시장은 주식시장이나 부동산 시장보다 비교적 빠른 사이클을 가지고 있기 때문에 이미 몇 번의 상승장과 하락장을 경험한 투자자도 있습니다. 하지만 최근 시작한 초기 투자자라면 아직 사이클 전체를 경험하지 못했을 것입니다. 그래서일까요? 저는 상승장에 진입하고 나서 하락장으로 전환되었을 때 머리로는 어떻게 해야 하는지 알고 있지만 몸이 따르지 않아 결국 포트폴리오를 제대로 정리하지 못하는 사람들을 자주 목격했습니다.

그만큼 투자에서 이익을 많이 내는 것도 중요하지만 장기적으로 투자할 경우에는 잃지 않는 것이 더욱더 중요합니다.

잔고 화면은 내 돈이 아니다

주식 투자나 암호화폐 투자를 할 때 투자자들이 가장 자주 확인하는 것은 자신의 평가 손익[*] 금액입니다. 계좌가 파란색으로 물들면 스트레스를 받고, 빨간색으로 물들면 기분이 좋아지는 것이 일반적인 투자자들의 심리죠. 암호화폐 시장에는 '잔고 화면을 스크린샷해 보관하고 싶어지는 순간이 현금화를 해야 하는 시점이다'라는 말이 있습니다. 실제로 지난 상승장 때 자신의 잔고 화면을 스크린샷해 온라인상에 자랑하는 사람이 많았는데, 이때가 고점의 끝자락에 도달하는 시점이기도 했습니다.

투자의 기본은 명목통화 기반 자산(원화, 달러)을 보유했다가 가치가 증가할 자산(주식, 부동산, 암호화폐)에 투자하여 다시 명목통화로 전환함으로써 자산을 늘리는 것입니다. 이 간단한 원칙을 들여다보면, 결국 투자는 어느 시점에서든 가치 상승 자산[*]을 소유하는 것보다는 명목통화, 즉 원화(달러)를 기준으로 삼는다는 것을 인지해야 합니다. 가치 투자[*]나 장기 투자를 하더라도, 이는 가치 상승 자산의 투자 종목 선정이나 기

> **· 평가 손익**
> Unrealized Gain/Loss
> 자산을 매도하지 않은 상태에서 이익이나 손실이 나는 것
>
> - - - - - - - - - - - - - - -
>
> **· 가치 상승 자산**
> Appreciating Assets
> 시간이 지남에 따라 가치가 상승하는 자산. 주식, 부동산, 암호화폐가 대표적인 예다.

간의 차이일 뿐, 궁극적으로는 현금으로 전환하여 부를 쌓는 것을 목표로 합니다.

물론 암호화폐 투자를 하는 사람 중에는 비트코인이 언젠가 현금을 대체할 것이라고 생각하고, 지속적으로 현금을 비트코인 등으로 전환하여 현금 비중을 줄이고자 하는 사람도 있습니다. 하지만 실제로 우리가 살아가는 세상에서 비트코인이 현금을 완벽하게 대체하기 전까지는 결국 비트코인도 언젠가는 현금화하여 사용해야 하는 것이 현실입니다. 따라서 암호화폐 투자 역시 현금화를 기준으로 접근해야 합니다.

적절한 현금화를 위한 4단계

투자에 성공하기 위해서는 잃지 않는 것이 중요하다는 사실을 이해해야 하며, 잃지 않기 위해서는 필수적으로 현금화 과정이 필요합니다. 문제는 머리로는 현금화의 중요성을 잘 알고 있지만, 실제로 투자를 할 때는 이를 실행하기가 쉽지 않다는 것입니다. 왜일까요? 그 이유는 생각보다 단순합니다.

축구 경기를 보다 보면 많은 사람이 선수들이 왜 이렇게 골을 넣지 못하냐며 답답해합니다. 매일 훈련을 하면서 기대만큼의 성과를 내지 못한다며 한탄하기도 하죠. 많은 사람이 "내가 뛰어도 저것보다는 잘

하겠다!"라고 말하는 이유는 버드
뷰* 시점에서는 경기를 판단하기
쉽기 때문입니다.

만약 직접 경기장에 나가 뛰어야 하는 상황이 발생한다면 선수들
과 같은 속도로 달리며 경기에 임할 수 있을까요? 선수들에게 한 번이
라도 정확하게 패스를 해줄 수 있을까요? 엄청난 시간과 노력을 들이
지 않고서는 불가능한 일입니다.

투자는 축구 경기와 같습니다. 프로 선수인 기관 투자자와 아마추
어 선수인 개인 투자자가 같은 게임에서 경쟁을 합니다. 이러한 이유
로 현금 전환의 중요성이 더욱 부각되며, 자신만의 투자 원칙이 필요
합니다. 어떠한 상황에도 적용할 수 있는 자신만의 명확한 투자 원칙
이 있어야 이익이 날 때는 현금화하고, 손실이 날 때는 손실을 최소화
할 수 있습니다.

투자 원칙을 세우는 이유는 단순히 이익을 내기 위함이 아닙니다.
이는 예측할 수 없는 시장 변동에 대비하고, 감정적 결정을 피하기 위
한 안전 장치입니다. 시장이 상승할 때는 누구나 쉽게 이익을 내지만,
하락할 때는 대부분의 투자자가 당황하고 손실을 봅니다. 이때 명확
한 투자 원칙이 있다면, 냉정하게 상황을 판단하고 현명한 결정을 내
릴 수 있습니다.

자산을 보호하고 예측 불가능한 상황에 대비하기 위해서는 자신만
의 투자 원칙을 세우고, 이를 철저하게 지켜야 합니다. 이는 성공적인
투자를 위한 필수 조건 중 하나죠. 이러한 원칙이 없다면, 시장의 변

동에 휘둘려 감정적으로 매매를 하게 되고, 이는 큰 손실로 이어질 수 있습니다. 투자에 성공하려면 꾸준한 연습과 준비, 그리고 명확한 원칙이 필수입니다.

투자 원칙을 세우는 첫 번째 단계는 자신의 투자 목표와 리스크 허용 범위를 명확히 하는 것입니다. 사람마다 재정 상황, 투자 기간, 리스크에 대한 태도가 다르기 때문에 자신의 상황에 맞게 투자 원칙을 세우는 것이 중요합니다. 예를 들어, 장기적인 자산 성장을 목표로 하는 투자자는 단기적인 시장 변동에 덜 민감하게 반응하고, 인내심을 가지고 투자할 수 있어야 합니다. 반면, 단기적인 이익을 추구하는 투자자는 시장 변동에 빠르게 대응할 수 있는 원칙이 필요합니다.

두 번째 단계는 투자 포트폴리오를 다양화하는 것입니다. 한 가지 자산에만 집중 투자하면 큰 위험이 발생할 수도 있습니다. 주식, 부동산, 암호화폐 등 여러 자산에 분산 투자하면 리스크를 줄이고, 특정 자산의 가치가 하락하더라도 전체 포트폴리오에 미치는 영향을 최소화할 수 있습니다. 다양한 자산에 투자함으로써 시장 변동에 따른 리스크를 분산시키는 것이 중요합니다.

세 번째 단계는 정기적으로 투자 성과를 검토하고, 필요할 때 원칙을 조정하는 것입니다. 시장 상황은 지속적으로 변화하기 때문에 초기에 세운 원칙이 항상 최선의 선택이 아닐 수도 있습니다. 정기적으로 투자 포트폴리오를 검토하고, 필요할 때 적절하게 조정해야 변화하는 시장 상황에 유연하게 대응할 수 있습니다.

마지막으로, 투자에 성공하려면 감정적인 결정을 피하고 냉정하게 상황을 판단하는 것이 중요합니다. 많은 투자자가 시장이 급락하거나 급등할 때 감정적으로 반응해 비합리적인 결정을 내립니다. 이럴 때 일수록 자신만의 투자 원칙을 철저하게 지킬 필요가 있습니다. '특정 자산의 가격이 일정 수준 이상 상승하면 이익을 실현하고 현금화하겠다', '가격이 일정 수준 이하로 하락하면 손실을 최소화하기 위해 매도하겠다'와 같이 원칙을 세운 뒤, 이를 철저하게 따라야 합니다.

특히 마지막 단계가 가장 어려운데, 사실 암호화폐 시장이 상승장으로 전환될 때는 대부분의 코인이나 토큰은 얼마나 오를지가 관건이지, 오를지 오르지 않을지는 걱정하지 않기 때문입니다. 각 코인과 토큰의 상승 여력을 판단하고 어느 시점에 매도할지 결정하는 것은 결코 쉬운 일이 아닙니다.

실제로 많은 투자자가 포트폴리오에 있는 투자 자산이 90% 떨어진 것보다 너무 일찍 매도해 더 많은 수익을 거두지 못한 것을 더욱 안타까워하는 경향이 있습니다. 그런 방식으로 접근하면 상승장이나 하락장으로 전환된 뒤에도 '더 오를 거야', '다시 회복될 거야'라는 기대감을 가지고 결국에는 손절 타이밍조차 놓칠 가능성이 큽니다.

반드시 지켜야 하는 원칙들

투자 원칙과 포트폴리오는 투자자의 성향에 따라 달라집니다. 자신의 성향에 맞게 투자 원칙을 세우는 것이 가장 중요하지만, 그럼에도 몇 가지 공통적으로 적용되는 포인트가 있습니다. 여기서는 반드시 알아두어야 하는 투자 원칙들을 살펴보도록 하겠습니다.

- **원금 보존의 원칙**: 투자의 기본 골격은 원금을 보존하는 것이다. 이는 잃지 않는 투자의 기초를 형성한다.

- **리스크 대비 수익[*] 전환 원칙**: 높은 리스크를 감수할수록 수익 기대치가 높아지지만, 그만큼 위험도 증가한다. 만약 최종 수익 가능성을 80%로 설정했다면, 손실 가능성도 고려해야 한다. 예를 들어, '40% 손실 시 손절하겠다'와 같이 원칙을 세워 두는 것이 바람직하다.

> **• 리스크 대비 수익**
> Risk-reward Ratio
> 투자에서 감수하는 리스크에 비해 기대하는 수익의 비율

- **잃지 않는 원칙**: 원금 보존의 원칙과 유사하다. 투자 원금이 줄어들면 회복하기까지 시간이 오래 걸리므로 원금에 가까워질수록 손절 원칙을 철저하게 지켜야 한다.

- **분산 투자의 원칙**: 리스크 대비 수익 전환 원칙과 연계된다. 한곳에 집중 투자하면 수익 기대치가 높아질 수 있지만, 리스크도 커진다. 따라서 다양한 자산에 분산 투자해 리스크를 줄이는 것이 중요하다.

- **투자 가능 금액에 대한 원칙**: 투자는 감당 가능한 수준에서 해야 장기

적인 생명력을 가질 수 있다. 상승장에서는 레버리지를 이용한 집중 투자가 효과적일 수 있지만, 하락장에서는 큰 손실을 초래할 수 있다. 따라서 여유 자금으로 감당 가능한 금액만 투자하는 것을 원칙으로 삼아야 한다.

이러한 원칙들을 준수하면 감정에 휘둘리지 않고 시장 상황에 냉정하게 대처할 수 있습니다. 투자는 단순히 이익을 내는 것이 아니라, 자산을 보호하고 예측할 수 없는 상황에 대비하는 것이므로 자신만의 원칙을 세우고 이를 철저하게 지켜야 성공적인 투자로 이어질 수 있습니다.

지금 이 순간이
변화를 시작할 타이밍이다

어느 날, 사업을 하던 선배가 저를 찾아왔습니다. 선배는 암호화폐 시장에 이미 깊숙이 발을 들였지만, 예상치 못한 큰 손실에 직면해 있었습니다. 선배가 조심스럽게 휴대폰을 꺼내 보여준 암호화폐 거래소 앱 화면에는 -90%라는 손실률이 적혀 있었습니다. 투자한 금액은 서울에서 아파트 한 채를 살 수 있을 정도였지만, 그 모든 자산이 순식간에 무너져 내린 것이었습니다. 선배는 당혹스러워하며 포트폴리오를 어떻게 조정해야 할지 조언을 구했습니다.

처음에는 상장되지 않은 토큰부터 정리하기 시작했습니다. 에어드랍으로 받았던 토큰들이 거래소 앱에 있기는 했지만, 상장은 되지 않아 출금조차 쉽지 않았던 토큰들이 많았습니다. 또한 한동안 방치되었던 자산들을 정리하면서, 이미 지난 사이클에서 고점을 찍고 회복하지 못한 자산들에 대해서는 더 이상 미련을 두지 않고 손실을 감수하며 정리할 것을 권유했습니다. 손실을 최소화하는 것이 지금으로선 최선이었습니다.

다음 단계로는 남은 자산을 비트코인이나 이더리움과 같은 상대적으로 안정적이고 회복 가능성이 높은 자산으로 전환하는 것을 제안했습니다. 비트코인과 이더리움은 시장의 주축이 되는 자산이며, 미래의 상승 사이클에서 더욱 안정된 수익을 기대할 수 있기 때문이었습니다. 마지막으로, 거래소 내에 보유하고 있던 자산 중 스테이킹이 가능한 자산을 거래소 내 스테이킹 설정을 통해 이자를 받을 수 있도록 했습니다. 이러한 방법들을 통해 조금이라도 추가적인 수익을 얻을 수 있도록 포트폴리오를 조정했습니다.

이 모든 과정을 거치며 저는 깨달았습니다. 한국의 대다수 투자자들은 여전히 한국 암호화폐 거래소 앱에만 의존하고, 그 너머의 세계인 해외 거래소나 온체인 디파이 생태계는 전혀 경험하지 못하고 있다는 사실을요. 그들에게는 암호화폐 생태계에 대한 기초적인 이해부터 절실하게 필요했습니다.

이 이야기는 단순히 선배의 경험에만 해당되는 것이 아닙니다. 이 책을 읽고 있는 여러분 중에도 비슷한 고민을 한 분이 있을 것입니다. 암호화폐 시장은 빠르게 변화하고, 그 속에서 기회를 잡지 못한 사람들은 큰 손해를 보기도 합니다. 하지만 기회를 잡는 법을 알고, 시장에 대한 이해를 바탕으로 한 전략을 세운다면 실패는 피할 수 있습니다.

이제는 과거의 실수를 반복하지 말고, 미래를 준비해야 할 때입니다. 이 책은 단순히 정보를 제공하는 것을 넘어서, 여러분이 스스로 현명한 결정을 내릴 수 있도록 돕기 위해 쓰였습니다. 비트코인이라는 하나의 자산 이해에서 시작하여, 더 넓은 암호화폐 생태계에서 기회를 잡는 법을 배우기 바랍니다.

미래의 금융 혁명은 이미 시작되었습니다. 여러분이 지금 선택하는 것이, 앞으로 다가올 새로운 투자 기회를 잡을지 말지를 결정하게 될 것입니다. 지금 이 순간이 바로 변화를 시작할 타이밍입니다. 이제 여러분 차례입니다.

미래는 준비된 자의 몫입니다. 최소한의 비트코인으로 그 첫걸음을 내딛으세요.

인덱스

지금 알면 돈 버는 ————
최소한의 비트코인

초판 1쇄 발행 2024년 10월 30일

지은이 김지훈(제이플레이코)
펴낸이 김선준, 김동환

편집이사 서선행
책임편집 오시정 **편집3팀** 최한솔, 최구영 **디자인** 김예은
마케팅팀 권두리, 이진규, 신동빈
홍보팀 조아란, 장태수, 이은정, 권희, 유준상, 박미정, 이건희, 박지훈
경영관리 송현주, 권송이, 정수연

펴낸곳 페이지2북스
출판등록 2019년 4월 25일 제2019-000129호
주소 서울시 영등포구 여의대로 108 파크원타워1 28층
전화 070)4203-7755 **팩스** 070)4170-4865
이메일 page2books@naver.com
종이 ㈜월드페이퍼 **인쇄·제본** 한영문화사

ISBN 979-11-6985-106-0 (03320)